Scoprire i Giochi Gratuiti Online

Disponibile Qui:

**BestActivityBooks.com/FREEGAMES**

# 5 CONSIGLI PER INIZIARE

## 1) COME RISOLVERE LE PAROLE INTRECCIATTE

I puzzle hanno un formato classico:

- Le parole sono nascoste senza spazi o trattini,...
- Orientamento: Le parole possono essere scritte in avanti, indietro, verso l'alto, verso il basso o in diagonale (possono essere invertite).
- Le parole possono sovrapporsi o intersecarsi.

## 2) APPRENDIMENTO ATTIVO

Accanto ad ogni parola c'è uno spazio per scrivere la traduzione. Per incoraggiare l'apprendimento attivo, un **DIZIONARIO** alla fine di questa edizione vi permetterà di controllare e ampliare le vostre conoscenze. Cerca e scrivi le traduzioni, trovale nel puzzle e aggiungile al tuo vocabolario!

## 3) SEGNARE LE PAROLE

Puoi inventare il tuo sistema di segni. Forse ne usi già uno? Per esempio, puoi segnare le parole difficili da trovare con una croce, le parole preferite con una stella, le parole nuove con un triangolo, le parole rare con un diamante, e così via.

## 4) STRUTTURARE L'APPRENDIMENTO

Questa edizione offre un **TACCUINO** alla fine del libro. In vacanza, in viaggio o a casa, puoi organizzare facilmente le tue nuove conoscenze senza bisogno di un secondo quaderno!

## 5) AVETE FINITO TUTTE LE GRIGLIE?

Nelle ultime pagine di questo libro, nella sezione della **SFIDA FINALE**, troverete un gioco gratuito!

**Facile e veloce!** Dai un'occhiata alla nostra collezione di libri di attività per il tuo prossimo momento di divertimento e **apprendimento,** a portata di clic!

Trova la tua prossima sfida su:

BestActivityBooks.com/MioProssimoLibro

# Ai vostri posti, pronti...Via!

Sapevi che ci sono circa 7.000 lingue diverse nel mondo? Le parole sono preziose.

Amiamo le lingue e abbiamo lavorato duramente per creare libri di altissima qualità. I nostri ingredienti?

Una selezione di argomenti adatti all'apprendimento, tre buone porzioni di intrattenimento, una cucchiaiata di parole difficili e una spolverata di parole rare. Li serviamo con amore e entusiasmo in modo che tu possa risolvere i migliori giochi di parole e divertirti imparando!

-------

La vostra opinione è essenziale. Puoi partecipare attivamente al successo di questo libro lasciandoci un commento. Ci piacerebbe sapere cosa ti è piaciuto di più di questa edizione.

Ecco un link veloce alla pagina dell'ordine:

### BestBooksActivity.com/Recensione50

Grazie per il vostro aiuto e buon divertimento!

*Tutta la squadra*

# 1 - Scacchi

```
G S D S U E S N V L Y J Y S O
C R P K D I S B D F V B Y P Y
D U Z I Y N O M V H B Y D I Q
S O N U L P A S S I V D I L D
C C N Q U L W W P N M H A L J
H N E E U Q E Ä Q H Y C G N F
W O L X E V I R I F L H O T Y
A C E U R B G G X S D A N O J
A R G N E K E N B M S M A U K
R N E Z N P T F M D B P L R Z
Z D R E G D A W K F Q I F N U
B S F I I S R D U N N O O O M
U B O T É J T D A A H N O I Y
J Z B M G D S H Z C D W I X M
X V S T O O I H Z Z X L S Q E
```

GÉIGNER
WÄISS
CHAMPION
CONCOURS
DIAGONAL
SPILLER
SPILL
SCHWAARZ

PASSIV
KENG
QUEEN
REGELEN
DUNN
STRATEGIE
ZEIT
TOURNOI

# 2 - Salute e Benessere #2

```
D E H Y D R A T I O U N Y K D
B W O S Q U E L L T E X T R H
L W I K L G F I Q G X N K A L
R K B L U T N E I M O T A N A
O I U O G X E G A S S A M K E
G T J N E T N I S V R I M H R
E E G G P U E N G P V J T E N
O N S M P L R D N R I U A I Ä
F E O O F G G D U E E D P T H
I G X A N K I I U P I L O O R
F N D Q P D E É A R R O L L U
H Y G I E N E T D E O D U A N
A P P E T I T Z R I L A Z A G
G E W I C H T V E K A T S D W
V I T A M I N K V E K K G K Z
```

ALLERGIE  
ANATOMIE  
APPETIT  
KALORIE  
KIERPER  
DIÉT  
VERDAUUNG  
DEHYDRATIOUN  
ENERGIE  
GENETIK  

HYGIENE  
QUELLTEXT  
KRANKHEIT  
MASSAGE  
ERNÄHRUNG  
SPIDOL  
GEWICHT  
BLUT  
GESOND  
VITAMIN

# 3 - Aggettivi #2

```
I N T E R E S S A N T J H D L
R S É I S R N Q G R E N G P I
G E S O N D J R D U N S Q M E
Q K X T H C Ë R D V W A Z P S
K R E T S U W L V X C E W V E
M R R N V A N B Y I A Z B I N
G R E Q R A J G B E R U M T C
H X E A A C K R R V P U E K S
U O E K T C B G P I Q M L U T
Y G T A Y I O J F N G D E D O
Y P L I L Z V D D W E I G O L
D R A M A T I S C H C I A R Z
R E S P O N S A B L E N N P P
D E S K R I P T I V H U T D K
N A T U R E L L A M R O N P C
```

HUNGRIG
DRËCHT
LIESEN
KREATIV
DESKRIPTIV
SÉIS
DRAMATISCH
ELEGANT
BERUMT
STERK

INTERESSANT
NATURELL
NORMAL
NEI
STOLZ
PRODUKTIV
RENG
RESPONSABLE
SALT
GESOND

# 4 - Ingegneria

```
E B N A B M W V C H K W T I V
M O E D N L O A A J R I K P E
O R Z R L U B T H C S Ë L F R
Q P O C E D Z O O D S S E F D
B R V H L C É P N R G T G I E
Y X L X H U H I C T H R N R E
E N E R G I E N F S P U E D L
H I E W E L E F I T T K T N U
D I A G R A M M J N O T J U N
D I E S E L Ö L V J G U X G G
T I É T I L I B A T S R K P X
M A S C H I N W C K R A F T K
T Z R Y W F Q S H D W Q A P B
T K J D T G N U S S E I M E A
D U E R C H M I E S S E R U U
```

ENGEL
ACHS
BERECHNING
BAU
DIAGRAMM
DUERCHMIESSER
DIESELÖL
VERDEELUNG
ENERGIE
KRAFT

HIEWELE
FLËSCHT
MASCHIN
MIESSUNG
MOTOR
DÉIFT
UNDRIFF
STABILITÉIT
STRUKTUR

# 5 - Archeologia

```
H X E O E V A L U A T I O U N
A X A X N L R B F R E L I C H
A P N L P B C N A L M C V D A
P C A L V E E I R E T S Y M O
T A L O V A R K G E G E N S T
S V Y V T R H T A H G S W Y X
Ä E S B U S P L D N C Ä L J Z
C R O C A H P T O K N J R U R
H G Q D T T E L E K S T X A P
L I T N E M G A R F L N W X U
E E T B M A N T I Q U I T Ä T
C S E F P F U E R S C H E R N
H S A N E M M O K O N G M F H
Y Q M E L R H K J C Y K Q P E
Z I V I L I S A T I O U N R G
```

ANALYS
ANTIQUITÄT
ZIVILISATIOUN
VERGIESS
NOKOMMEN
ÄRA
EXPERT
HAAPTSÄCHLECH
FRAGMENT
MYSTERIE

GEGENST
SKELETT
RELICH
FUERSCHER
ONBEKANNT
TEAM
TEMPEL
GRAF
EVALUATIOUN

# 6 - Salute e Benessere #1

```
M U S K E L E N H F E R T G V
H V I R U S V F É U H E H T C
F O O T O K Y C I D G F E S M
R J R E T K O D C M V L R K V
A H E M D G J Q H Z U E A E I
K U G B O V P T T U K X P L R
T A N L E N E V R E N S I E A
U C U J F H E H V C J M E T P
R D H W E X A I N V R N O T D
E O A U T M K N R Y B E Y K I
M E D I Z I N V D E T N X P K
K L I N I K K Z S L T U A H T
G E W O H N H E I T I K Q L V
R E L A X A T I O U N N A Q J
U V D K U T R A K T I V G B E
```

GEWOHNHEIT
HÉICHT
AKTIV
BAKTERIEN
KLINIK
HUNGER
APDIKT
FRAKTUR
MEDIZIN
DOKTER

MUSKELEN
NERVEN
HORMON
SKELETT
HAUT
REFLEX
RELAXATIOUN
THERAPIE
BEHANDLING
VIRUS

# 7 - Aggettivi #1

```
L E H R G E I Z I G G C H R X
I U M J C G E T H C I W Z F M
D T E F C N N E L L I V M Q A
E B F S H O X A B S O L U T R
N N Ë D L J E R L H I Q W H T
T H C S I É P E R F E K T C I
I L K B C F V G R O U S S S S
S Q E X O T I S K B U K E Ë T
K S A E W N T É T R M Z K W I
J X O T K R K N D G U G V X K
D Q S U H E A P V H E P C B V
F H B C Y D J B P K R L I U G
Q R U I E O W C U S D W T X S
D Q A R O M A T I S K F E Y D
S C H W É I E R N L L I Y D P
```

EHRGEIZIG
AROMATISK
ARTISTIK
ABSOLUT
AKTIV
GROUSS
EXOTISK
VILLEN
JONG
IDENTISK

WICHTEG
LUES
LANG
MODERN
ÉISCHT
PERFEKT
SCHWÉIER
WËSCHT
DÉIF
DËNN

# 8 - Geologia

```
F M P K K V R J R T M Z S P E
H I E L O O X G X R N O T E R
C K Q Ä U N R E S I E G A C O
E Z Y Y E R T A K Z I I L H S
L K U U Y R E I L M P K A P I
H A H W W Y D H N L K P G L O
C L S S T A K B N E E V M A U
Ä C T L A R E N I M N N I T N
S I A D Z S D V E E V T T E E
T U L F N A C A T D W K E A P
P M A V A L Y T S U S E N U L
A Y K S P Z R A U Q P A N J A
A Y T K R I S T A L L E N S N
H P I V U L K A N B D S D E G
Z K T L Q E I S A I E R M W F
```

SAIER
PLATEAU
KALCIUM
HIEL
KONTINENT
KORALLEN
KRISTALLEN
EROSIOUN
HAAPTSÄCHLECH
GEISER

LAVA
MINERAL
STEIN
QUARZ
SALZ
STALAGMITEN
STALAKTIT
PLANG
ÄERDBIEWEN
VULKAN

# 9 - Campeggio

```
K T C L V A N O O A W S L S C
A H W M E J G G P B F F D P T
A Z D R M Y C H M N N I B A K
R A W N G M D B Y O V B F S G
T L Q H G A K G A J T V L S W
L R B U R E I É D B E E M U I
E C L E E S O F V X Y R S Q Y
Z V F T I S A Z F Z G T R É X
W U I J B A V K W E V R V B I
V A R X C P E D X T K E S N I
N F L F J M N A L N J A B L U
Q T B D B O T M R U T A N M J
K U U W C K U X Z O J H V N Q
Y O J F N N R V Q M J A C H T
J E T T A M E G N Ä H D T I T
```

BEEM
HÄNGEMATTE
DÉIER
AVENTURE
KOMPASS
KABINN
JACHT
KANN
HUET
SEEL

SPASS
WALD
FIR
INSEKT
SÉI
MOUNT
KAART
BIERG
NATUR
ZELT

# 10 - Tempo

```
M G R E T B W F A V A U E R M
H A U T F Z A K N N V V J I A
K A L E N D E R N U E U C F F
D L W I U Y H E U E G X O M A
D E A K K V X O E C Z Z R O Z
D U K V U E G J L H C D P I R
M R C A Z A G Q L T J J O E W
R O C H D S T O N N D Y R N O
G X U Y V E H L Q U G A W M C
E Z K N E D I E M C W G G R H
S Y N Y T R E N N O H R E O J
T T U N I M N P O M C H A P K
E G Z K Y M Y N R T S A C G O
R O W S C B Y O R N E F N I X
N M P P D O H G I P G S H S P
```

JOER

ANNUELL

KALENDER

DEKADE

NO

ZUKUNFT

DAG

GESTERN

MOIEN

MOUNT

MEIDEN

MINUTT

NUECHT

HAUT

STONN

AUER

GESCHW

FIR

JOERHONNERT

WOCH

# 11 - Astronomia

```
S S H G F A R A K É I T Q N F
V O Z A Z S V E R Y E J Y U U
Q A X L S T M S O M S O K O N
S M Q A I R X T E N A L P I V
A U O X E O D R E Ä C A E T U
S S P Y R N F A M O U N T A Z
T R J E K O R L E M R Y I V R
R E O X R M F I Y V Q V É R B
O V R X E N K N U R O E T E M
N I S O I V O G H V I K I S H
A N B N T O Q V Y F Q H V B L
U U H I M M E L A K X G A O Q
T Z G U A S T E R O I D R Y S
M A Z Q S N E B E L X U G Q U
D Y W E T E L E S K O P L H B
```

| | |
|---|---|
| ASTEROID | NEBEL |
| ASTRONAUT | OBSERVATIOUN |
| ASTRONOM. | PLANET |
| HIMMEL | STRALING |
| KOSMOS | RAKÉIT |
| EQUINOX | SUPERNOVA |
| GALAXY | TELESKOP |
| GRAVITÉIT | ÄERD |
| MOUNT | UNIVERSUM |
| METEOR | TIERKREIS |

# 12 - Algebra

```
L Z B I H F A L S C H S P V F
M I U M X Z R E L P V U A E R
X A N E F B K M N G B B R R A
Q I T E L V N R B H R T E F K
V W T R A J U O T D C R N E T
K B Z B I R O F N A X A T I I
V Y E L C X I V Z Q P K H C O
T L Ë S C H T S L Y D T E H U
U U X L E B A I R A V I S E N
F A K T O R U X N R L O R N J
F L O T T Y Q M L L U N A J N
R F A D F W E D I A G R A M M
E X P O N E N T P R O B L E M
O N E N D L E C H L T V S A N
W J R C A D T A L S H M F Q S
```

DIAGRAMM
EQUATIOUN
EXPONENT
FALSCH
FAKTOR
FORMEL
FRAKTIOUN
ONENDLECH
LINEAR

MATRIX
ZUEL
PARENTHES
PROBLEM
VERFEICHEN
LËSCHT
SUBTRAKTION
VARIABEL
NULL

# 13 - Mitologia

```
J D D W L I H L S W Y K S R J
A T O B Z R B R E T S N O M H
L C N I L H L E E M H E L D V
O E N F P Ë C M C U M X E U E
U K E K E N T Q H Z D I T G R
S J R C Q Q S T E P P W H B H
I S C H A F U N G B Y J P Z A
E S P A W E C K T C T O O K L
B E R Z E U G U N G E N R U E
Y P E K R A F T I Y H I T L Y
V Y G R A C H E R G C O S T T
R R E Z W R I H Y L R Y A U I
O B I C E R N Q B E A N T R Q
I A R D P R U T A E R K A T M
S X K R Z I A B L T L S K B D
```

ARCHETYP

VERHALE

KREATUR

SCHAFUNG

BERZEUGUNGEN

KULTUR

KATASTROPH

HELD

KRAFT

BLËTT

JALOUSIE

KRIEGER

LABYRINT

SEECHE

SPAWECK

MONSTER

HIMMEL

DONNER

RACHE

# 14 - Piante

```
B U M Q E E K V D N V G T S Y
O L G O A Q U Z I Q G A C N A
P Q O N O A J N L V T R L E O
Y R R E B S U T K A K D N V J
W E D N M F L Y U D G E I B T
U G A A O A R O L F V N I Z V
E N E B D D B E C T I Y A J B
S Ü N Z P H J O V X G R S R G
S D W D I K B O T A N I E O E
E L Y W R P B B A M B U A O F
D A M Q I W L W L Z E H E T E
Y W I J K W Ë G B D Z N Q A U
P T D I M Y T R U K A C M L L
B W N U O I T A T E G E V C P
L A I W N H C S U B F A Z M Q
```

| | |
|---|---|
| BAM | DÜNGER |
| BERRY | BLOEM |
| BAMBU | FLORA |
| BOTANIE | BLAT |
| KAKTUS | BLËTT |
| BUSCH | WALD |
| WUESSE | GARDEN |
| EFEU | MOOS |
| GRAS | ROOT |
| BANEN | VEGETATIOUN |

# 15 - Spezie

```
C B Ë X V Y E Q H G S L F V X
U Z N S A K I R P A P Y S B D
R N N Q N B W T U R M E I C H
R V E S I N A J M H J T É S M
Y K R F L W H E E I J A S Z U
P E A A L J X T Q R Z L A S S
A L S R E L P G F E E S P U K
S E A I D H N J G D B M M O A
T W F N U E X V R N M P Y G T
E E I G J C M M L A M R X J N
X U E W B K I O N I E L J I U
O N N E W B J R M R L Y O P T
T K T R O J G F N O W U U Y S
F Q A H U R U L D K B E M Z Q
M D L O L C P F E F F E R Y L
```

| | |
|---|---|
| KNUEWELEK | SÉIS |
| JEREMY | GOUS |
| ANIS | MUSKATNUTS |
| ZIMT | PAPRIKA |
| KARDEMOM | PFEFFER |
| ËNNER | SALZ |
| KORIANDER | VANILLE |
| MMEL | SAFIENTAL |
| TURMEICH | INGWER |
| CURRYPASTE | |

# 16 - Numeri

```
A S I E B Z E H N M Q C F F S
N A D R Ä I Z É N G X J Ë O E
O J C Y U B G F X K D O N F C
N P G H O F Y G Y G R U N Z H
Z O C I T Z G V J D Ä E E É Z
É Q E E V É J X N C I C F N E
N G Q L K N S E C H S H E G H
G N É G G M D A D F T L P N
S É X Z C Y A L A M I Z E D N
T Z F C W S E W E N I É I U U
V R A J N A R M M B X N W C L
D E Z W E E N N Y Q V G Z V L
X I N B T N G Z V Z X Q N I Z
W É Q S F Y H Q E I V P T E Z
A V G T O E W K B G M O C R O
```

FËNNEF

DEZIMAL

NONZÉNG

SIEBZEHN

UECHTZÉNG

ZÉNG

ZWIELEF

ZWEE

NÉNG

AACHT

VÉIERZÉNG

VIER

FOFZÉNG

SECHZEHN

SECHS

SEWEN

DRÄI

DRÄIZÉNG

ZWANZEG

NULL

# 17 - Guida

```
T F E G A R A G F Q G R W Q E
R R F D A U E F X D L H O G R
A H A G D S S P E W O F R S O
A T S F V M S A C C I D E N T
K B A O I Q E L I B B A G E O
S H Q H W K T A L R R T N Z M
G E F O R O I F O E E U Ä I Z
E Q B U S J V T P M N N G L T
T R A N S P O R T S N N S G T
R O A D A U T O N E S E S T F
R Z B T Q C P S S N T L U T E
U B P X C U H V W H O R O U X
V X A A K U O J W C F B F E Z
M O T O R R A D Z A F S S D G
W Q W T L P U E Z I S V Q D T
```

AUTO
BUS
BRENNSTOFF
BREMSEN
GARAGE
GASS
ACCIDENT
LIZENS
KAART
MOTORRAD

MOTOR
FOUSSGÄNGER
GEFOR
POLICE
SAFE
ROAD
TRAFIK
TRANSPORT
TUNNEL
VITESSE

# 18 - Forza e Gravità

```
S G D G N U K C E D T N E D Z
F E P J U E L T R L I Z M Y Z
O W Y G O I E I T W E B S N X
F I C D I Y H G N E Z L I A D
I C C W S H C A E S I Q T M R
M H N Q N K A A C S O Z E I O
E T Z N A T S I D E C Y N S C
C C F N P L N W C T P H G C K
H Q H A X H H X R I I W A H M
A F J U E P Y V E V O Y M F L
N V E F B N G S D O J J K L T
I F N M S I I H I D R R V F X
K S O P T H W K M K R B E B E
U N I V E R S E L L J R I K P
W Y I U T C Z L Z Z V A Y T I
```

ACHS
CENTRE
DYNAMISCH
DISTANZ
EXPANSIOUN
PHYSIK
MAGNETISME
MECHANIK

ORBIT
GEWICHT
DROCK
EEGESCHAFT
ENTDECKUNG
ZEIT
UNIVERSELL
VITESSE

# 19 - Sport

```
G A K E L T A Y U K V G B A F
U S A K Y V H R S L L I A T I
B E W E G U N G B L W B S H T
S P I L L E R G X I S S K L N
S B C V E E L M G P T X E E E
T N M H L M O Y A S A T T T S
A P H A A T R A I N E R E F S
D D G Y D M B C C P T J V R R
I N K W T W P A J K W A H E A
O J G A H Y F I S P A I R W U
N I U T Y P A U O E F C J W M
E I S H O C K E Y N B Y P I T
G O L F P L A T Z I N A Y R S
T E N N I S P L A T Z A L E R
J M P Q H T E A M R L A T L M
```

TRAINER
ARBITTER
ATHLET
BASEBALL
BASKET
VEEL
CHAMPIONNAT
ERIWWER.
SPILLER

SPILL
GOLFPLATZ
EISHOCKEY
BEWEGUNG
FITNESSRAUM
TEAM
STADION
TENNISPLATZ

# 20 - Uccelli

```
S  S  N  W  F  H  W  H  S  X  E  E  G  B  P
G  T  O  O  A  L  E  D  C  T  B  X  K  P  E
Ä  H  O  V  A  P  A  I  F  U  Q  F  H  S  L
I  I  Q  R  O  U  F  M  N  E  W  U  O  D  I
S  Y  K  E  C  R  E  H  I  E  R  A  G  V  K
N  X  I  U  H  H  J  I  U  N  S  O  A  G  A
Q  E  N  A  C  U  O  T  G  B  G  I  K  D  N
F  Q  M  P  H  O  X  H  N  Y  Q  O  U  Q  H
J  B  A  S  B  M  L  R  I  R  C  F  C  F  U
S  T  R  U  U  S  Z  U  P  C  V  Q  K  L  H
P  A  P  A  G  E  I  D  M  A  D  L  E  R  N
L  V  F  C  S  H  T  D  M  B  N  A  Q  X  L
E  R  S  X  I  B  X  I  Z  R  A  L  X  O  O
V  D  S  R  M  Ö  V  E  Q  X  W  E  N  T  E
Y  G  S  V  O  H  T  X  G  W  S  C  H  F  O
```

| | |
|---|---|
| REIHER | PAPAGEI |
| ENTE | SPAUER |
| ADLER | PAVO |
| STORCH | PELIKAN |
| SWAN | COLUMBA |
| DOUWEN | PINGUIN |
| KUCK | HUHN |
| FLAMINGO | STRUUS |
| MÖVE | TOUCAN |
| GÄIS | EEG |

# 21 - Giorni e Mesi

```
S K R K G J U W M M H P D R J
X W E X A U C O O É J U L I O
F E B R U A R C U I J S K W E
L Y M U O D T H N N A E A N R
U C E A W K A O T D N P L Z K
J P V G E T T U R E U T E I Q
D U O E S A S O E G A E N O L
C X N D A B M A B G R M D I J
C Q L I J R Ë X M E O B E A W
P F C E I Ë T J E S R E R C R
E V Z R E L T I Z J C R I J C
K A I F L L W S E M P H Z T P
A U G U S T O L D K N F D M E
S O N N D E C Z S R S O Z E J
H B J G E D H C S N Ë D W R G
```

AUGUST
JOER
ABRËLL
KALENDER
DEZEMBER
SONNDE
FEBRUAR
JANUAR
JUNI
JULI

MÉINDEG
DËNSCHDEG
MËTTWOCH
MOUNT
NOVEMBER
OKTOBER
SAMSCHDEG
SEPTEMBER
WOCH
FREIDEG

# 22 - Casa

```
G M I H M I I J O J F M Z W I
B A V L F L N C D J E P M A L
I S R M R I W H A A N A S V B
B P E A I K D W C J Z K B W T
L I I E G C T O H D V T M I T
I E D H E E S O U Q S D B M Z
O G E C S W B U J S M A U E R
T E A S Y A W I M T C P H F X
E L I I O P Q T P M N H F Ë W
K N J N E S E B K D E Q K N S
D A C H B O D E N K D R A S V
X K H C D E C K E N R O M T M
W D V O P I V D V L A Z I E K
O W N K C A T S Q J G O N R U
W A S S E R H A H N I U M B F
```

DACHBODEN
BIBLIOTEK
SUMMER
KAMIN
KOCHNISCHE
DOUSCH
FËNSTER
GARAGE
GARDEN
LAMPE

MAUER
STACK
DIER
FENZ
WASSERHAHN
BESEN
DECKEN
SPIEGEL
SPAWECK
DACH

# 23 - Fantascienza

```
A G B I F X E H H B C M M R M
L F A T V B O X I R L W B O H
L A U L C I M O T A R M X B R
O N T E A P C R E R I F D O X
V T O W I X T A N V E B Y T V
S A P F M G Y K A T W M S E K
I S I I A Y O E L P Y D T R I
N T E T G X Q L P H A E O C L
M I U A I X J F O V D L P D L
I S N V N K I N O N R S I F U
E K O K Ä C H E R N H N E K S
H E T C R J A H V J P C Z F I
E X P L O S I O U N P C E R O
G F A Y T N C S R Z M L X T U
F U T U R I S T I S C H F J N
```

ATOMIC
KINO
DYSTOPIE
EXPLOSIOUN
EXTREM
FANTASTISK
FIR
FUTURISTISCH
GALAXY
ILLUSIOUN

IMAGINÄR
CHERN
GEHEIMNISVOLL
WELT
ORAKEL
PLANET
ROBOTER
TECHNOLOGIE
UTOPIE

# 24 - Città

```
G U G B P F S Z O O P E I J S
Z Z A Ä S L T K I N O M B T P
J D L C J U A O T S I D Z A Ä
S T E K N C D G N A C K X P I
G K R E R H I X N S Y L B D C
M R I R X H O D D C V I V I H
K A E E W A N K J D E N P K E
E M A I T F O L C B U I I T R
T R M R B E Z Y B C I K Z D E
O E I U T N T H E A T E R U N
I P L H S L U O H C S W F J B
L U I L V E F L O R I S T B Y
B S L O N T U D F O J T A A Y
I N Y L M O K M L U F L T N W
B O O K S H O P E R V M A K X
```

FLUCHHAFEN
BANK
BIBLIOTEK
KINO
KLINIK
APDIKT
FLORIST
GALERIE
HOTEL
BOOKSHOP

MAART
MUSEUM
SPÄICHEREN
BÄCKEREI
SCHOUL
STADION
SUPERMARKT
THEATER
ZOO

# 25 - Fattoria #1

```
D U L F M E H U H N R K A Z Z
A Q Y A H O N D A A J S B N E
Y T L R N R C E P S W H H E A
F H W G I D Z A I F I C M F S
A K K K Ä Q B G A B M F E L D
D P D D W L N R H O N I G E E
Ü F I G H R G E U Z T W Q S S
N L M G C E M S D I E J W E E
G O N W S I W S L Z K Z I P E
E K P D S S N A H E R D E P D
R S Ä T E V N A K A L F U J S
B S E O E H J W V F A H X J J
J Z R K G R E D U P F D K P D
C K D U L L N I W K I V Y O X
X M A H H E Y S U W S H N I O
```

WAASSER
LANDBRUIK
BIENE
ESEL
FELD
HOND
GEESS
PÄERD
DÜNGER
HEI

KAZ
HERDE
SCHWÄIN
HONIG
KUH
HUHN
FENZ
REIS
SEEDS
KALF

# 26 - Psicologia

```
D C N U V Z J G I Z D K G S S
P R Q E A F C V I D D I Ë U E
E W E Y W R V B F R X O T P N
R A Q M U M Y K J A U Q T E S
S H T X M E L B O R P J C R A
O R D O T E E H D N A K Z H T
N N H C S I N I L K F R O E I
A E O N B E W U S S T L M L O
L H V E R H A L E J T K I D U
I M F R C P P D I D E E N K N
T U P Q H Y T H E R A P I E T
É N U O I T P E S R E P X N J
I G D B E W Ä E R T U N G C J
T I É T I L A E R H P F G V A
X Y B E M O T I O N E N P B K
```

KLINISCH
WAHRNEHMUNG
VERHALE
KONFLIKT
SUPERHELD
EMOTIONEN
IDEEN
ONBEWUSST
KANDHEET

GËTT
PERSEPTIOUN
PERSONALITÉIT
PROBLEM
REALITÉIT
SENSATIOUN
DREMMEN
THERAPIE
BEWÄERTUNG

# 27 - Paesaggi

```
W  I  M  Z  B  I  K  Q  L  C  A  P  O  W  N
W  Z  A  R  N  I  X  Z  R  U  N  I  B  O  R
S  L  L  A  F  R  E  S  S  A  A  W  Q  O  U
O  U  V  C  H  E  X  R  H  I  E  L  L  I  H
L  X  M  L  X  S  K  E  G  É  Z  L  S  C  D
F  N  Z  P  X  I  I  I  H  S  O  A  S  T  R
V  U  Q  B  F  E  N  M  A  O  B  D  T  V  E
S  F  D  G  S  G  S  V  L  H  T  W  R  U  I
T  U  N  D  R  A  E  P  L  P  G  W  A  L  M
B  O  X  S  V  X  L  Q  I  H  L  T  N  K  K
V  E  J  F  D  H  R  Y  N  V  A  U  D  A  Z
S  R  M  S  D  U  F  G  N  T  Z  G  A  N  O
R  W  G  A  O  A  S  H  E  J  I  Q  Y  X  W
H  V  U  L  U  L  T  R  L  G  E  T  O  O  Z
M  H  Q  R  Q  M  C  Q  W  I  R  F  V  K  P
```

| | |
|---|---|
| WAASSERFALL | MIER |
| HILL | BIERG |
| STE | OAS |
| FLOS | OZEAN |
| GEISER | SUMPF |
| GLAZIER | HALLINNEL |
| HIEL | STRAND |
| ROBIN | TUNDRA |
| INSEL | DALL |
| SÉI | VULKAN |

# 28 - Energia

```
Y D B A T T E R I E H K Z N O
C N U K L Ä R U P Z K K C Q U
C A X Z F H C S I R T K E L E
G W G V F Ë Ë M W E L T C T Z
Y F F F O T S R E S S A A W I
N B T O T Z V B M B D N I B G
N U S Y S T H B T Z W G N R L
Y Y O A E N N H A F Z R D E R
M R W B L Q O C J B N V U N Q
K O M U E N T R O P I E S N T
L V T E U Q O M T H Z C T S U
S L T O K F F D B K N Y R T R
I Q V P R C V I A F E X I O B
D I E S E L Ö L F M B L E F I
E R N E U E R B A R P C E F N
```

ËMWELT

BATTERIE

BENZIN

HËTZT

KUELESTOFF

BRENNSTOFF

DIESELÖL

ELEKTRISCH

ELEKTRON

ENTROPIE

FOTON

WAASSERSTOFF

INDUSTRIE

MOTOR

NUKLÄR

ERNEUERBAR

TURBIN

DAMP

WAND

# 29 - Ristorante #2

```
M F F Z L A S I É M E G L I S
Ë H I G K Ë F O R S C H E T T
T L L S K M S H Z I D Q F G U
T E T V C G Y C A Ä L A R B X
E U E M V H P A H Z Z X U L K
W R A T C X U E Z T J D U D C
B A M H X S A L A T I I C Z E
H U A C A N S C H Z Z N H R C
B Q H S Q I V Y X Q O E T T Y
E T E E S N E Z R Y P R G P P
D Q M L L E A O Z B P D I O I
D N L F P H R E T A W W E H Z
I D K J N C Q V G H K F S Z G
I Y Q E P A O U V T T E S G O
V D W C C K L Y Z V W R M Y L
```

WAASSER
WATER
DINER
LËSCHT
LESCHT
FORSCHETT
FRUUCHT GIESS
ÄIS
SALAT

ZOPP
FISCH
MËTTE
SALZ
HL
RZEN
KACHEN
GEMÉIS

# 30 - Giardino

```
S S A A A Z L B G T U R F S R
G A R A G E S S A R R E T C T
M N E B U S C H E M F Z Q H T
W O D Z F Y T J Z S E Z F O R
R K I A J K E Z P Q N I B U A
B R E V T R I A T K Z P Z L M
G L W L X E C U M G N E B R P
H R O B W T H N R A T Q D R O
O E A E A Z D Q G R G R L Z L
W Y F S M U D V Y D K B K V I
S C H A U C H F V E K A R Z N
R H B O G L C Z A N C R A X X
H Ä N G E M A T T E L Z I N X
K B Q Y C W G V Y F E D F U A
K G Z R C Q P C B R P H G T H
```

BAM

HÄNGEMATTE

BUSCH

GRAS

WEIDER

BLOEM

GARAGE

GARDEN

SCHOUL

BENG

RAKE

FENZ

TEICH

TERRASS

TRAMPOLIN

SCHAUCH

# 31 - Riscaldamento Globale

```
I E G L I G A S S F R R D M P
N I N G R E G E R I N G F T X
T R U E E D A J Z Q G F R U A
E T L M R N I Z N F H Q E Z S
R S K O H G E V B E O H G F A
N U C X K S I R K T G V Z N R
A D É Z V J T E A B H C K V K
T N W Q P M O A P T F M J K T
I I T D K X X Y C F I G X K I
O Y N A M I L K I O P O X S S
N L E T F N U K U Z I X U X S
A E E E V G Ë M W E L T T N J
L L E G I S L A T I O U N E E
Z G T E M P E R A T U R E N H
J R P U W I L E D C E N E O V
```

| | |
|---|---|
| ËMWELT | GENERATIOUNE |
| ARKTIS | REGERING |
| KLIMA | INDUSTRIE |
| KRIS | INTERNATIONAL |
| DATE | LEGISLATIOUN |
| ENERGIE | ELO |
| ZUKUNFT | ENTWÉCKLUNG |
| GASS | TEMPERATUREN |

# 32 - Frutta

```
H P X O V C V R N M B C Z M F
S X X Z L V E H Y T E V I K C
A P R I K O S E I R R K T O F
D C W J Y V D Q T T R I R A J
O F O O K I A P E L Y R O C H
R I G D Z E K I W I M S N W V
W F N A N A B Q K D F C E H D
B L A C K B E R R Y A H A R K
H Z M W V E G N K E U E N I A
D A G G A T N U O L E M A Y V
Y R M M D Q A J V L P Q N B O
Q M A B N I R A T K E N S I C
I A G U I Q O C I O Z K J R A
B G D N F E M U A L F P S N D
P I I S C H R P A P A Y A E O
```

APRIKOSE
ANANS
ORANGE
AVOCADO
BERRY
BANAN
KIRSCHE
KIWI
HAMBIER
ZITRONE

MANGO
APEL
MELOUN
BLACKBERRY
NEKTARIN
PAPAYA
BIRNE
PIISCH
PFLAUME
DRAUF

# 33 - Fattoria #2

```
Q F X R V C R H F N P I I F T
A Z U L J T X T I L Q R M A T
Q Y L G M J O O H T C R M H M
W U Z S I É M E G T D I A C A
T E U V D O Ë B E O A G L S V
O M I A É C L U N S I A M X H
G R C F I C L N A E E T N E E
E E C A E O E C C H C I Q V K
A U R H R Y C I O V E O W R C
R A R Ä A W H H B G Y U X M M
G B L J R R W E E S S N T Q N
W F T H X H D T R A K T O R A
I F R U U C H T G I E S S U I
X S J X K C D T Z Q U Y T L P
L A M A S C H E U N E S N Q D
```

LAMM
BAUER
ENTE
DÉIER
MAT
SCHEUNE
FRUUCHT GIESS
ORCHARD
WEESS

IRRIGATIOUN
LAMA
MËLLECH
MAIS
GERÄR
SCHAF
WIESE
TRAKTOR
GEMÉIS

# 34 - Verdure

```
J R W M W D G A R E N N Ë G Z
W X Q F P W I T G A U M E U W
K N B I R W E J G T D I G R E
S P I N A T O R R A K I E K K
S P J J S C H A L L O T S E C
W Y J G M N L H Z A X V B C O
G R O M P E R R S S T J R K H
E T Y H K E G N T E K J E Ü C
K N U E W E L E K R E O N R S
T A M O T J D G Q Q O S L B I
L L I I L O K K O R B P B I T
M P G D J I S P S I I H P S R
D G H L O M V C G G L W W E A
J E I L I S R E T E P R I B L
S E L L E R I E I N G W E R X
```

| | |
|---|---|
| KNUEWELEK | ERBSE |
| BROKKOLI | TOMAT |
| ARTISCHOCKE | PETERSILIE |
| KARROT | TROPPEL |
| GURKE | RADISCH |
| ËNNER | SCHALLOT |
| SALAT | SELLERIE |
| EEGPLANT | SPINAT |
| OLIV | INGWER |
| GROMPER | KÜRBIS |

# 35 - Musica

```
W H C S I M H T Y H R V L W A
A L A K I S U M B D X J Y I G
L S R L S F N S E O S E R N K
B U E Y A N O Y I Y E V I S Z
U M U N M U U T D K J T S T P
M H O F G R A E O I E A C R O
Y T H K N E L F L N D R H U E
V Y C H E K R N E O A E C M T
V H K D S C J F M M L P S E I
N R L R C E F J H R L O I N S
V O K A L T Z X Z A A R S T K
V A C F K S O T D H B H S L U
S J Q H A R M O N I E O A B G
J I U P X L I O N W Q G L V R
J L E P J Y X P S Y A T K N L
```

ALBUM
HARMONIE
HARMONIK
BALLADE
SENGER
SENG
KLASSISCH
CHOUER
LYRISCH
MELODIE

STECKER
MUSIKAL
MUSIKER
OPERA
POETISK
FOTO
RHYTHMISCH
RHYTHMUS
INSTRUMENT
VOKAL

# 36 - Barbecue

```
U W S H T O M A T E K N G F M
K K I S U M R A A W K O W L Ë
S X B G G N M Y X K V N B Z T
Y G J E S Z G D Z S R M O S T
T Q V M B M D E I B D H R O E
M A L É P E W T R E N N Ë U G
G A M I W S K A O E R F Y S T
Y D T S N S H L L I M A F S P
P H U H N E M A U I K O Z S K
K F C Y P R J S G R I L L P B
S S E I G T H C U U R F A Y Y
S F T F D I N E R S X N S O F
M G A T F Y Q O P C N P I P M
M B Q C D E U X C X L K V A V
C H Z A Z Y R S U M M E R T P
```

WAARM
DINER
MAT
ËNNER
MESSER
SUMMER
HUNGER
FAMILL
FRUUCHT GIESS
MVP

GRILL
SALATE
MUSIK
PFEFFER
HUHN
TOMATE
MËTTEG
SALZ
SOUS
GEMÉIS

# 37 - Insetti

```
K Z H E U S C H R E C K E B P
Ä I Y D L N M D N S J O U I Ä
F K C J M Q L L L I P N V E I
E A E C S U A L T T A L B N P
R D P E D D R F H N H U D E E
X E M Z H E V X A A B V L F R
M M Q A R Y E T I M R E T F L
D É I S C H L E C H T A O L E
K A K E R L A K E F I M M A K
L I B E L L E E Q H K E Ü U W
P Ä I P E R L E K S W I C T X
W E K S J X W I A Y M S K D L
H S G E I J O U Q A R E E D K
X X X W F I U W R S B U F C C
W S A S I Y K N P M N I F I U
```

BLATTLAUS
BIENE
HEUSCHRECKE
ZIKADE
DÉISCHLECHT
KÄFER
PÄIPERLEKS
PÄIPERLEK
AMEISE

LARVE
LIBELLE
MANTIS
FLAU
KAKERLAKE
TERMITE
WURM
WESPE
MÜCKE

# 38 - Fisica

```
S L M F D M Z I F F Z T C M G
T Z O N N I A C S O A H C C R
Q D L C U W C J D R O T O M A
C L E G A K L H F M M I M O V
Z N K G A M L C T E A É E T I
F O U F Z J E Ä R L G T C A T
L R L R W I S R R E N I H V É
F T E Q E G R A L K E V A I I
O K Z Q E G E K K I T I N T T
R E J W U V V B J T I T I E O
E L X I T E I A A R S A K S J
V E G A S S N A B A M L J S D
L O D U K Z U Z W P E E N E D
F C H E M E S C H D B R W W S
E X P A N S I O U N X N R K U
```

ZWEE
ATOM
CHAOS
CHEMESCH
DICHT
ELEKTRON
EXPANSIOUN
FORMEL
FREQUENZ
GASS

GRAVITÉIT
MAGNETISME
MECHANIK
MOLEKUL
MOTOR
NUKLÄR
PARTIKEL
RELATIVITÉIT
UNIVERSELL
VITESSE

# 39 - Agronomia

```
O H U P F J N E C V W X F G H
L A N D B R U I K E Ë C L X C
S G E A Z E O G X R S D E E S
L X Z O Z S I R P S S K Ö I I
O F N H V S T E O C E R K D N
S N A Z V A K N T H N A O U A
Ë O L U H A U E N M S N L T G
M H P E C W D V G U C C O S R
W N U O I S O R E T H H G G O
E Z H S L E R I Y Z A E I E R
L T M P D A P P W U F N E M D
T C P N N K R V E N T S S É S
U K N A Ä R K S Y G M D K I G
V T O D L O A K R I A N C S Z
D Ü N G E R Z R H Q T E Q A X
```

WAASSER

LANDBRUIK

ËMWELT

MAT

ÖKOLOGIE

ENERGIE

EROSIOUN

DÜNGER

VERSCHMUTZUNG

KRANCHEN

ORGANISCH

PLANZEN

PRODUKTIOUN

LÄNDLICH

WËSSENSCHAFT

SEEDS

STUDIE

GEMÉIS

# 40 - Erboristeria

```
M E O L B Y R A N I L U K N A
I U H Y X J I O S I S Y H Q N
N E D R A G A W S Z A N B I S
Z O X V O T K Y T M S C I R A
E G L D L U K S I T A M O R A
T O P G R É N G Q M S R V D Q
P E T E R S I L I E E X I A U
T O N G O R E G A N O H Y N A
H F E N C H E L S A M E N O L
I L A V E N D E L M O O A G I
M M A J O R A N D I K Z A A T
E B A S I L I K U M D Q F R É
I S A F I E N T A L Z S N T I
D M X H Z O G I X H F D L S T
R I K N U E W E L E K K H E B
```

KNUEWELEK
DILL
AROMATISK
BASILIKUM
KULINARY
ESTRAGON
FENCHELSAMEN
BLOEM
GARDEN
UM

LAVENDEL
MAJORAN
MINZE
OREGANO
PETERSILIE
QUALITÉIT
ROSMARIN
THIMEI
GRÉNG
SAFIENTAL

# 41 - Danza

```
T K T J G M E B N J F B K V C
R O A G I N Y Q R F R E L I H
A N D X R U A N C H Ë W A S O
D S A O S H A D R O S E S U R
I C U Q J F Y C E A C G S E E
T H J X I E B T A J H U I L O
I T X I H C F K H D T N S L G
O L Q U R N V U I M E G C C R
N T Y C I O E L P N U M H J A
E J A G N O I T O M E S I A P
L P G S I U A U X B Q F F E H
L A U R X E Q R E P R E I K I
Z W M U S I K P A R T N E R E
K U L T U R E L L X E D K E W
N K R Ä I S C H E A D S I S R
```

ACADEMIE
KONSCHT
KLASSISCH
PARTNER
CHOREOGRAPHIE
KIERPER
KULTUR
KULTURELL
EMOTION

KRÄISCHE
FRËSCHT
GNADE
BEWEGUNG
MUSIK
RHYTHMUS
TRADITIONELL
VISUELL

# 42 - Biologia

```
E N Z Y M E M B R Y O M V U I
J W L I W Y E I L V Z P W L K
S Y M B I O S E I M O T A N A
O S F L N E I R E T K A B O N
M F W O W P V R E N M B N M A
S A G G T N T O B N J E E R T
O N I E T O R P L Z R V G O U
S C U Q T Y S C P U I Q A H R
Y C X B U R H Y O R T L L E E
N Y B R E E E R N U O I L W L
A K X R A I V N L T B T O W L
P B T Z H É T L N C H P K U S
Z E L L R D N K T T T E Z J N
M U T A T I O U N N G R S X F
D Y A H E L L E Z N E V R E N
```

ANATOMIE

BAKTERIEN

ZELL

KOLLAGEN

OFGETRENNT

EMBRYO

ENZYM

EVOLUTIOUN

FOTOSYNTHESE

DÉIER

MUTATIOUN

NATURELL

NERV

NERVENZELLE

HORMON

OSMOS

PROTEIN

REPTIL

SYMBIOSE

SYNAP

# 43 - Attività Commerciale

```
T O E A Y B S E C E Y A F R I
R F N K F R U E Y O L P M E K
A F T O G A Z D K N Q J R U O
N I R M V E B K G T E G G S S
S C E M Y C S R S E V E E D T
A E P E S C W C I C T W N G T
K A R S C N K V H E N Ë K V A
T W I K A J S R H Ä K N U M B
I M S I R E U W P I F N H R A
O P E M R E M B E R G T M A R
N C N O I T I T S E V N I I A
Q P H N È F I N A N Z E N R B
B V W O R W Ä H R U N G P D W
S U Q K E V E R K A F Y X D E
D X P E M S T K K W K A F P U
```

BUDGET
CARRIÈRE
KOST
EMPLOYEUR
EMBER
EKONOMIK
FABRIEK
FINANZEN
INVESTITION
WUER

GESCHÄFT
GEWËNN
AKOMMES
RABATT
ENTREPRISE
SUE
TRANSAKTION
OFFICE
WÄHRUNG
VERKAF

# 44 - Fiori

```
S W L C W E N Z A H N Z P A P
U O W A E R S L I L I E E U B
K Q N C V J A S M I N O S E K
S C Y N U E E D I H C R O N L
I C M Z E W N R T T J A R Y E
B E V G E B G D T X S G T S E
I M K K D T L G E G K Q S I P
H C O X U U I E I L O N G A M
Z U P H O L A S M F X J N D B
C Q E A N I E T T E L O I V M
E G D I Y P T U B O J U F B L
J P B M X B K P K F G W P T H
D I U D X N X L B H J B A H Q
B L U M E N S T R A U S S Z K
I E P T G A R D E N I E S A Q
```

WENZAHN  
GARDENIE  
JASMIN  
LILIE  
SONNEBLEM  
HIBISKUS  
LAVENDEL  
VIOLETTE  

MAGNOLIE  
DAISY  
BLUMENSTRAUSS  
ORCHIDEE  
MOHN  
PFINGSTROSE  
KLEE  
TULIP

# 45 - Discipline Scientifiche

```
H  A  B  O  T  A  N  I  E  B  Z  L  L  I  I
E  M  N  O  S  Y  V  I  I  I  N  I  H  H  M
I  Q  V  A  F  L  I  T  C  O  A  N  P  V  M
M  L  H  G  T  G  Z  O  T  C  E  G  H  M  U
O  R  L  I  E  O  I  M  R  H  P  U  Y  E  N
N  K  Q  R  I  E  M  Z  G  E  S  I  S  T  O
O  W  V  T  G  I  E  I  L  M  Y  S  I  E  L
R  V  G  O  O  G  I  E  E  I  C  T  O  O  O
T  B  I  O  L  O  G  I  E  E  H  I  L  R  G
S  O  C  I  O  L  O  G  I  E  O  K  O  O  I
A  P  P  E  E  O  L  O  M  I  L  D  G  L  E
N  H  P  Q  H  R  O  L  E  E  O  U  I  O  S
Y  I  K  H  C  U  E  O  H  R  G  U  E  G  Z
L  F  H  J  R  E  G  K  C  Z  I  R  D  I  U
N  Q  G  V  A  N  V  Ö  Q  W  E  Z  O  E  A
```

ANATOMIE
ARCHEOLOGIE
ASTRONOMIE
BIOCHEMIE
BIOLOGIE
BOTANIE
CHEMIE
ÖKOLOGIE

PHYSIOLOGIE
GEOLOGIE
IMMUNOLOGIE
LINGUISTIK
METEOROLOGIE
NEUROLOGIE
PSYCHOLOGIE
SOCIOLOGIE

# 46 - Scienza

```
W H T N G E Y M E T H O D E E
C H I E L S I A W V R H U P V
Z D É L A F O J F A L J G A O
N A T U R D Z K A Q Q R P R L
P M I K E B T K K I R S K T U
L I V E N S E H T O P Y H I T
A L A L I H I X X P L O F K I
N K R O M I C K H C B U I E O
Z L G M P K I S Y H P X C L U
E U T N E M I R E P X E Q U N
N Z I H L R F O T M D A T E E
H A A P T S Ä C H L E C H L P
L A B O R A T O I R E H T H D
Y U J A Y D E L L F K W C I L
A T O M X C Y W S V W W C U U
```

| | |
|---|---|
| ATOM | GRAVITÉIT |
| CHEMESCH | HYPOTHES |
| KLIMA | LABORATOIRE |
| DATE | METHODE |
| EXPERIMENT | MINERAL |
| EVOLUTIOUN | MOLEKULEN |
| FAKT | NATUR |
| PHYSIK | PARTIKEL |
| HAAPTSÄCHLECH | PLANZEN |

# 47 - Acqua

```
R K S I É S N D Y G U M R J A
C R H R V C N L O Q E V U Q Y
D F I R M H Y T E U R I A K Y
B U E I K N B N V P S L S Y B
M U D G A É E Y Z U M C U E S
O A L A N I A E W G B P H M R
N T A T A O F A R J Y M W F D
S L I I L X W B L K K F T C F
U K U O D N E R E T H C E U D
N V A U H Y L F L O S Ä I S C
Z H H N K T L O Z E A N M D D
C U V J W X E I D L P V R H A
D N I C K N N A C I R R U H M
F I I C H T E G K E E T Q Y P
V E R D U N S T U N G T U J N
```

| | |
|---|---|
| KANAL | MONSUN |
| DOUSCH | SCHNÉI |
| VERDUNSTUNG | OZEAN |
| FLOS | WELLEN |
| DUECHTEREN | REEN |
| GEISER | FIICHTEGKEET |
| ÄIS | HURRICAN |
| IRRIGATIOUN | DAMP |
| SÉI | |

# 48 - Boxe

```
E L O W H R R H T D B L E F A
A R E F P M Ä K H W M J R A W
D I S U H G É I G N E R H R C
U J U C U K K A S D X D U B E
O L K M H J K Ë N N K Z E I K
U E O Z C Ö G Y K I Z U L T G
M Z F M S Z P P O E H R U T X
B E Z Z D H W F A L K X N E C
C R C H N N Y C T E M D G R F
H E G K A U B W S B R C D K I
K P I H H V M A U O X J B I I
Q R B E L L R P F U X Z N C I
X E A P M A N P Q X R V C K J
B I M F B P Y E U L W Q C F D
K K K P T E E K G E Ä F T L F
```

FÄEGKEET                  ERSCHÖPFT
ECK                       KRAFT
ARBITTER                  FOKUS
GÉIGNER                   IELEBOU
KICK                      HANDSCHUH
BELL                      KËNN
KÄMPFER                   FUST
KIERPER                   ERHUELUNG

# 49 - Imbarcazioni

```
N A U T I S C H U G R S X L F
W R O T O M W I X L W E E D L
T E U B P B P O U E Y G I R U
H K L E E S K A Y A K E C M T
C N H L O Z E A N K K L R X R
A A F Y E B U L O Y Y B E M J
Y V B L L N L O O T A O W I M
R C H P O E Y R L A C O E L B
M O L V N S L B H M N T B I Z
Y T A U N T F M U R N Z U T C
P S Y P Q O J A L X Y I Q A P
Z N V S K A C S N T N S S N Y
J I B Z A D N T B P H Y É T A
A Q N M N R V K I V U U I K D
S J I G N U R E K L Ë V E B N
```

MAST
ANKER
SEGELBOOT
BUET
KANN
SEEL
CREW
FLOS
KAYAK
SÉI

MIER
FLUT
MILITANT
MOTOR
NAUTISCH
OZEAN
WELLEN
BEVËLKERUNG
YACHT
DEE

# 50 - Chimica

```
E L E K T R O N B Y M A S T I
X R B W O E Y I R R G L H E K
I J V K G I S Z H O A K F M L
L X Z H G A D S F T S A F P I
L N K N S S V H F A S L O E K
N Z E E C N L M F S R I T R N
N G K Z Y L G Y O Y O S S A Q
N G Q E A S C Z T L N C E T N
G E W I C H T N S A E H L U U
A I P A O N A E R T N K E R K
C T H C S Ë L F E A O Z U N L
H T Z L A S A K U K I Y K L Ä
L M A T O M I C A Z A K K P R
O K W D Ë E U J S R L U M T X
R L I N V H C S I N A G R O C
```

SAIER
ALKALISCH
ATOMIC
HËTZT
KUELESTOFF
KATALYSATOR
CHLOR
ELEKTRON
ENZYM
GASS

IONEN
FLËSCHT
MOLEKUL
NUKLÄR
ORGANISCH
SAUERSTOFF
GEWICHT
SALZ
TEMPERATUR

# 51 - Api

```
S M X A D S G N I W B W H Ö D
P R B P N C B Q Y H I A J K X
B Z Z O E H I S C K E C K O Z
T T T L A W B L É I N H F S L
S V E L Y A K H U K E S A Y Q
Y O I E Q R O M G T N O U S U
U J N N O M D B S B K D C T E
M C P N U D Q H I L O E H E E
S S E I G T H C U U R F S M N
R V L U U I J L Q M B R T N Q
X R N R G I N U M M V O P Z I
V H X Y N W C O N E Z N A L P
M A T Q U L X H H N E D R A G
X N G Z D I V E R S I T É I T
B E N E F I Z I E L L K L J M
```

WINGS
BIENENKORB
BENEFIZIELL
WACHS
MAT
DIVERSITÉIT
ÖKOSYSTEM
BLUMMEN
BLÉI
FRUUCHT GIESS

FAUCH
GARDEN
INSEKT
HONIG
PLANZEN
POLLEN
QUEEN
SCHWARM
SONN

# 52 - Strumenti Musicali

```
L G J Y E C E L L O M D M K I
Z L B G L L I H F U D W A N O
E F R A H D T F L B L G N O G
T T A K S O R E L X L I D H I
R M T I A S N U S S A B O P F
O O I G B Z P H M V Z M L O U
M H G Z M C W O O B O E I X X
P E B U I W M E S J Z P N A U
E L Z I R H P K N A M V E S N
T G X Z A V K N I R U B M A T
D D E A M U G E I H O N A I P
K L A R I N E T T X I W E B Y
H O H L S C H R A U B E N R L
P E R K U S S I O N B F L P E
E A I A B Y X P M A G Z J S W
```

HARFE

HOHLSCHRAUBEN

GITAR

KLARINETT

BASSUN

FL

GONG

MANDOLINE

MARIMBAS

OBOE

PERKUSSION

PIANO

SAXOPHON

TAMBURIN

DRUM

TROMPET

BASSPOSAUNE

GEI

CELLO

# 53 - Professioni #2

```
B E E M R G M J W T G S J D A
I P R N A Z A H N A R Z T O S
B H U F Q L T W L G S Y O K T
L I E Z I U E H C Ä R E L T R
I L T U F N E R N R U Y I E O
O O A U U D D T Y T E G P R N
T S R S E O H E E N I M M J A
H O T E R B L G R E N N W T U
É P S L S I N A R R E I C C T
I H U D C O F O T O G R A F Z
K I L E H L R T I C N E Q C O
E L L N E O G C N J I I G N O
Z X I G R G C Y V R W É Z L L
J O U R N A L I S T G L B K O
K C H I R U R G A G S U F G G
```

ASTRONAUT
BIBLIOTHÉIK
BIOLOG
CHIRURG
ZAHNARZT
PHILOSOPH.
FOTOGRAF
GÄRTNER
JOURNALIST
ILLUSTRATEUR

INGENIEUR
LÉIERIN
ERFINDER
ENQUETE
ZU USELDENG
DOKTER
PILOT
MALER
FUERSCHER
ZOOLOG

# 54 - Letteratura

```
T  O  D  K  E  N  A  V  W  K  E  J  Y  B  A
A  H  R  Z  G  N  I  N  E  M  G  A  B  E  N
B  Q  E  E  O  U  L  F  K  D  Z  F  B  S  A
Z  O  H  M  L  D  L  M  E  I  S  K  H  C  L
R  N  P  N  A  M  O  R  M  Y  V  T  D  H  Y
B  F  A  B  I  O  G  R  A  P  H  I  E  R  S
L  I  T  S  D  F  D  Q  X  F  I  A  J  E  A
M  I  E  R  D  Q  U  U  Q  A  O  N  C  I  U
Q  M  M  H  C  I  D  E  G  Z  C  A  F  W  T
M  U  M  Y  W  E  N  Y  Q  I  P  L  I  U  E
N  D  P  T  Y  P  D  L  J  T  F  O  K  N  U
A  P  E  H  C  E  L  G  R  E  V  G  T  G  R
Y  E  F  M  D  R  P  R  K  X  G  I  I  N  A
J  B  C  U  G  M  M  K  S  I  T  E  O  P  S
W  Q  R  S  T  R  A  G  E  D  I  E  N  O  T
```

| | |
|---|---|
| ANALYS | METAPHER |
| ANALOGIE | MENING |
| ANEKDOT | GEDICH |
| AUTEUR | POETISK |
| BIOGRAPHIE | REIM |
| FAZIT | RHYTHMUS |
| VERGLECH | ROMAN |
| BESCHREIWUNG | STIL |
| DIALOG | THEMA |
| FIKTION | TRAGEDIE |

# 55 - Cibo #2

```
C G J J T U O R B T E S F Q S
J P F G A H L E G R A P S R C
B W G B M Y C I W I K Y Q Z H
H R O A O M X S D Y R O B E I
D J O F T L A S I Ä K G L E N
V O C K R Q L E M F V H L G K
E H Z U K W P E C X N U E W E
S N L B L O E W H X U R N Q N
R P N T Z H L E P A J T G Q A
K N D H F C V I G T U H H L N
S C H O C K E L A P B S U B A
G K X N P T S H S X L L H Q B
P V O V J E L G Z N O A N F J
K I R S C H E D R A U F N J P
Z Q M B S E L L E R I E T T I
```

SPARGEL
BANAN
BROKKOLI
KIRSCHE
SCHOCKELA
KÄIS
WEESS
KIWI
APEL
EEGPLANT

BROUT
FISCH
HUHN
TOMAT
SCHINKEN
REIS
SELLERIE
EEG
DRAUF
YOGHURT

# 56 - Nutrizione

```
A K V Z O X K A J N E Z R S K
V P K Z C D N O S E G H C J V
I C P Y D T I H N T R O D L E
T U Z E L H X T É I D E O P R
A H W S T C O V T E L G M I D
M V P Q D I T B I K P O T Y A
I Z R C I W T X É G N W E K U
N Q D K G E K R T I I E E T U
V Y H N Ä G U A I S E G H S N
F H N G R M J B L S T S D X G
G W P S U O S S A O O U N O Z
K S M P N F P S U U R A O M S
P K S L G V M E Q Z P I S E L
K O L H Y D R A T E R I E M F
R N Ä H R S T O F F G N G N E
```

JEREMY
APPETIT
AUSGEWOGE
KALORIEN
KOLHYDRATE
ESSBAR
DIÉT
VERDAUUNG
GÄRUNG
SSIGKEITEN

NÄHRSTOFF
GEWICHT
PROTEIN
QUALITÉIT
SOUS
GESONDHEET
GESOND
RZEN
TOXIN
VITAMIN

# 57 - Bagno

```
H B W X A B T Z E N O D S R W
V A C D S H A M P O O X D D L
B D V E O S Y A K R W E Z Z I
L A X R K U N W V M E F Z B F
B Y P G A S S H D L O D A M P
X U G H F C H C U D D N A H D
F W B L C H A S H P A R F U M
S A U B W A S S E R H A H N S
E A D C E R E H C S G J I I P
E S Z L G L E G E I P S Y I A
F S J D W A S O C W I U K N W
H E W M O X J S X N V Z A T E
F R Y W B M V Q L B C B I E C
H Q M R Z I X N L O T I O N K
H W L G P F K R D Q C H H P X
```

| | |
|---|---|
| WAASSER | PARFUM |
| HANDDUCH | WASSERHAHN |
| BAD | SEEF |
| BUBBELS | SHAMPOO |
| DOUSCH | SPIEGEL |
| SCHERE | SCHWAMZ |
| WC | SPAWECK |
| LOTION | DAMP |

# 58 - Meditazione

```
J S K O M T E M I P M L Q G B
T O F U Y T B J V T V W C J E
G A I A R Ë F P I R I Y L J W
X N T N Z G S C A O T S N Y E
L É I E R S O K C Q K W R J G
H Z E N M U T H C S E E G N U
Ü V K O A U G I G Y P L I T N
F F R I E V S U L O S E T I G
E G A T A A H I L L R U S N N
G Q B O T B O R K S E H I L A
T M K M T O H T O J P N E L T
I T N E D D I R F U T U G I U
M E A X Q T Z I M P E M Z I R
D J D V Y K I G E O S G S D B
K L A R I T É I T R E K K A W
```

| | |
|---|---|
| UNHUELE | GEESCHT |
| ROUEG | BEWEGUNG |
| KLARITÉIT | MUSIK |
| MITGEFÜHL | NATUR |
| EMOTIONEN | FRIDDE |
| GËTT | PERSPEKTIV |
| DANKBARKEIT | OMTEM |
| LÉIER | STILLE |
| GEISTIG | WAKKERT |

# 59 - Antiquariato

```
W O U L F K N E L E W W I M R
R Ä E W V A M W A I N A A A E
E I R E L A G Q P R E L Y Q S
A V V T P P M J U A X S N N T
P N O I T I T S E V N I E H A
S E A É I R K A Q T U F M N U
T T U T R E N N O H R E O J R
I N K I U S B U W T P J U S A
L Ë T L B I J O U E N P R K T
X M I A X Ä K O N S C H T U I
M R O U F R E L E G A N T L O
P P N Q Y P P Q S N Q F L P U
O N G E W É I N L E C H U T N
D E K O R A T I V S C R Z U X
T M Y N S S H D H N Q K F R L
```

| | |
|---|---|
| KONSCHT | MËNTEN |
| AUKTION | PRÄIS |
| LIESEN | QUALITÉIT |
| DEKORATIV | RESTAURATIOUN |
| ELEGANT | SKULPTUR |
| GALERIE | JOERHONNERT |
| BIJOUEN | STIL |
| ONGEWÉINLECH | WÄRT |
| INVESTITION | AL |
| MIWWELEN | |

# 60 - Escursionismo

```
V A Q C W S S W B E X F K I S
I F J P Q V T O V I F W H Y C
R S P Ë T Z T I N I E T S G H
B W A A S S E R W N B R L D W
E T B K X G L T R W T L G Y É
R C N U O I T A T N E I R O I
E E C F R C C F I L Z L A L E
E R B G A Q B K L I P P E V R
D D I M T R H H F Z N Q S D K
U C H X A Q D E B K E J I V P
N V D B D P Z T T R K A A R T
G C M U D Y D Q T M R X I E L
Z A L P S G N I P M A C K I L
C U V N A T U R S H P M X É Ë
T Y V K L I M A A Y M S Y D W
```

| | |
|---|---|
| WAASSER | SCHWÉIER |
| DÉIER | STEIN |
| CAMPINGSPLAZ | VIRBEREEDUNG |
| KLIMA | KLIPP |
| KAART | WËLLT |
| BIERG | SONN |
| NATUR | MIDD |
| ORIENTATIOUN | STIWWELE |
| PARKEN | SPËTZT |

# 61 - Professioni #1

```
R U E D A S S A B M A P K Y X
Ë W D J K Y V S E T M S Ë E K
E N I W V K O D O R I Y N U K
E E T A C O V A Z A L C S G A
J M O N O R T S A I I H C U R
T Z R A R E I T L N T O H U T
B A N Q U I E R H E A L T Z O
G E O L O G Z F Q R N O L D G
X K P M U S I K E R T G E Ä R
J V F I A P D I K T E R R N A
S U R J A K L E C H T E R Z P
P N D Y M N P L U M M E R E H
R M E C F O I C G E C T H R Y
M X Z Z W W R S W A H Z L D B
J E W E L L E R T T K H V U S
```

TRAINER
AMBASSADEUR
KËNSCHTLER
ASTRONOM.
AVOCAT
DÄNZER
BANQUIER
JEEËR
KARTOGRAPH
EDITOR

APDIKTER
GEOLOG
JEWELLER
PLUMMER
KLECHTER
MILITANT
MUSIKER
PIANIST
PSYCHOLOG
TIERARZT

# 62 - Antartide

```
O B F P T T E M P E R A T U R
N N W U L N X F Y Z O W N P M
E U Y Z E I H P A R G O E G I
Z X M K W R M J B T J E N W G
N G P Z M N S I Ä T D E I Ë R
E R F E Ë W Q C N T H I T S A
R U X L D Z N L H E W H N S T
E A I J B I H G Q E R P O E I
F R E H C S T E L G R A K N O
E I S J I W S I L Y Y R L S U
R E S S A A W R O L S G Y C N
I N S E L L C K F U K O T H Z
J T S K E E Q Y D A N P K A R
R O C K Y N E K L O W O O F Z
H A L L I N N E L B Q T I T E
```

WAASSER
ËMWELT
BAY
WALEN
REFERENZEN
KONTINENT
GEOGRAPHIE
GLETSCHER
ÄIS
INSEL

MIGRATIOUN
MINERAL
WOLKEN
HALLINNEL
FUERSCHER
ROCKY
WËSSENSCHAFT
EXPEDITIOUN
TEMPERATUR
TOPOGRAPHIE

# 63 - Libri

```
G L H I S T O R I S K S F E L
V E I R E S X U H X Z A S R I
R R S T S X N J C E Q M Ä Z E
A U O C E M Y I S G L M I I S
F T Z Y H R D V I V A E T E E
P N P S C I A I G I A L I L R
P E U C I D C I A T U E H E C
F V Z Z D M Y H R N O N R R B
K A T F E C D S T E R O M A N
G O P C G C W X C V H P Q J A
N H N M I O V G L N C E V J U
M T Ä T I L A U D I S Q J W T
G W J G E P G O Z B I Z Y S E
W X O Q Z X E F Y G P E C F U
F F N J Z J T N A V E L E R R
```

| | |
|---|---|
| AUTEUR | ERZIELER |
| AVENTURE | SÄIT |
| SAMMEL | GEDICH |
| KONTEXT | RELEVANT |
| DUALITÄT | ROMAN |
| EPISCH | SERIE |
| INVENTIV | GESCHICHT |
| LITERAIRE | HISTORISK |
| LIESER | TRAGISCH |

# 64 - Geografia

```
K B K Y S H S Ü D E N B G X W
J H S F D F M C E R O W A F T
E J E Z K V S R B Y Q H O G L
L B S H C D A R G E D E E R B
H B I E R G L E E I Y M M X Y
Z Ö B N S T Ä J K N T I E G B
N X C B A M N B S S L S R B F
R N Z H L I G E N E A P I K K
E E X D T E T Q N L N H D S A
B D G F A R K W E I D Ä I T A
S R T I O M H R T B T R A A R
H O A V O F L O S U L N N D T
J N Z O R U T Z E E E R O R E
E U J C L L N Q W N W Z A K R
D S J T E R R I T O I R E P T
```

| | |
|---|---|
| HÖCHT | MIER |
| ATLAS | MERIDIAN |
| STAD | WELT |
| KONTINENT | BIERG |
| HEMISPHÄR | NORDEN |
| FLOS | WESTEN |
| INSEL | LAND |
| BREEDEGRAD | REGIOUN |
| LÄNGT | SÜDEN |
| KAART | TERRITOIRE |

# 65 - Cibo #1

```
J E C Z Q H B W Q O F G J V M
I N G J V K A X J G L D H O C
M Y V Ë B I S S U J E N R I B
Ë X G N C N I N D Z E Z A R Y
L I J N J M L S P Z S M N E F
L C A E O Z I O G A C G E I U
E D J R R E K C U Z H G H B M
C O W Z K W U E N Y B E C D O
H L W B J C M B I Q T R A R M
S E P T M I Z L A S N Ä K E Y
C P Q B U N G H U P Q R O Ä X
P P I V Z N Z I T R O N E M W
H O U N Q E N K A R R O T N Y
R R I T A K N U E W E L E K M
U T M A M T A L A S H N S X Z
```

| | |
|---|---|
| KNUEWELEK | MINZE |
| BASILIKUM | GERÄR |
| ZIMT | BIRNE |
| FLEESCH | TROPPEL |
| KARROT | SALZ |
| ËNNER | SPINAT |
| ÄERDBIER | JUSS |
| SALAT | TUNN |
| MËLLECH | KACHEN |
| ZITRONE | ZUCKER |

# 66 - Etica

```
R E K E L B A N O S A R K D M
M A F M K S B X C N P R O I Ë
H V T S U M S I M I T P O P N
G G T I G L K A S L H R P L S
E D Ë L O V Z B Z H C I E O C
I Z G A J N G Y Z Ü S N R M H
H G D E F N A R W F I N A A T
P V K R A K H L M E E N T T M
O G E D O L D K I G W Y I I S
S P S U M S I U R T L A O S W
O T O L E R A N Z I Ä Y U C Y
L L T P V B O N E M Y T N H N
I N T E G R I T É I T K P X J
H C O O R P S D K G É I F U S
P W M Z H I B D I B S F Q W O
```

ALTRUISMUS
MITGEFÜHL
KOOPERATIOUN
GÉIF
DIPLOMATISCH
PHILOSOPHIE
GËTT
INTEGRITÉIT
SPROOCH

OPTIMISMUS
GEDOLD
RASONABLE
RATIONALITÄT
REALISME
WEISCHT
TOLERANZ
MËNSCHT

# 67 - Aeroplani

```
L Z O F S T I G B Y S H H D J
E A U M U W E R C A E I É E U
M Y N S M Z X Ä N U U S I S N
M S L D U Y C F K C T T C I Y
I Z P I U A L S B J A O H G O
H B Z M A N R O T O M R T N O
Y S X M D Z G M F K E I F D V
R P L P G M U T V T H E Y F H
G X A R E I G A S S A P W M J
A V E N T U R E Y X H N H B Z
P I L O T Z I Q L J K L H A F
W A A S S E R S T O F F Ö L D
Q R I C H T U N G Z D P C L J
B R E N N S T O F F L D H O H
K S U C Z N E L U B R U T N X
```

| | |
|---|---|
| HÉICHT | RICHTUNG |
| HÖCHT | OFSTIG |
| LOFT | CREW |
| ATMOSFÄR | WAASSERSTOFF |
| LANDUNG | MOTOR |
| AVENTURE | BALLON |
| BRENNSTOFF | PASSAGIER |
| HIMMEL | PILOT |
| BAU | HISTORIE |
| DESIGN | TURBULENZ |

# 68 - Governo

```
G M B F D N P F M C N O G M B
V R O E I T A R K O M E D X I
R K E F Q L R T K M A O Y D E
V P L M X R E D I E L P R I R
J N N D Z H T J T O A A Z S G
M L M X R W H J I S N B D K E
Q O I B G X C D L J U N R U R
Y B N O K Y E K O W Z C Z S S
C M T U S Z R X P D F Z Q S C
Q Y A C M T L I B E R T Y I H
C S P Z B E A R D I U E V O Ä
Z I V I L D N T N R E S J U F
B D P I K M S T N F B E V N T
G E R I C H T L I C H G Z Y J
V E R F A S S U N G E E N V S
```

LEIDER

BIERGERSCHÄFT

ZIVIL

VERFASSUNG

DEMOKRATIE

RECHTER

RIED

DISKUSSIOUN

GERICHTLICH

GESETZ

LIBERTY

MONUMENT

NATION

POLITIK

SYMBOL

STAT

# 69 - Spiaggia

```
G O Q P C D C S T Z T O M H N
U O Z G T U V E K L O L J R W
S Z O E T I J G N K Y X S S M
F Q L K A F U E L B L K Q A O
D S A R D N U L X F O V H N E
R D G S O N N B Y F X O D D J
A W U E P P E O M I E R T A Y
Y Y N X T V H O Q R W B A L P
K R A B B E C T S Ü K E J E D
X S E Z U Z S H A N D D U C H
B N P X D X R V L K U N F B O
J X J L F R I J X Z W E A P I
M V O N Z B D C W O S H D S T
C P Q R H L E S N I K M S J Q
O I Y O B O V A K A N Z V D S
```

| | |
|---|---|
| HANDDUCH | MIER |
| BOOT | OZEAN |
| SEGELBOOT | DIRSCHEN |
| BLO | SAND |
| KÜST | SANDALE |
| KRABBE | RIFF |
| INSEL | SONN |
| LAGUN | VAKANZ |

# 70 - Bellezza

```
S A B X W J Z N A G E L E L Y
K U R L E N W K D P H B X I Y
P T K H R N S O L V C O X P C
F N E F E D A N G E S N D P F
M A M Q H G K V O T U A H E T
V G R F C L S O Z Q T G W N T
Y E A B S A H S S H N J O S J
S L H X I T A P G M R M Y T C
C E C B C G M I C K E H Y I C
D A N S N F P E A U P T I F N
T N K I G C O G C I M F I T S
K I E P Z P O E F Y I U U K U
S E R V I C E L Q W W D U K I
K K D V G F O T O G E N A W E
S T Y L I S T W A V D V T R A
```

FARBIG
KOSMETIK
ELEGANT
ELEGANZ
CHARME
SCHERE
FOTOGEN
DUFT
GNADE

GLAT
WIMPERNTUSCHE
HAUT
KURLEN
LIPPENSTIFT
SERVICE
SHAMPOO
SPIEGEL
STYLIST

# 71 - Avventura

```
C P W N W K I J V C H A N C E
Z G R E U B E Z T Ë L P A O S
U N Y H J D U N M X S M K N C
A U S F L U G P K L A D T G H
Y D S O I C W F R Ë N N I E W
W E H C Z R I F W W D O V W I
M E E I H N G E F F E R I É E
H R F Z S O M P N G B U T I R
A E F R G H O T Y O Y T É N I
A B Ä H E U W N L V B A I L G
Q R H X H E P S H U A N T E K
Y I C C E S D A J E K D O C E
D V S C J A P K F X I T H H I
D F O W T F F I O Y S D D D T
X Q U Z U E T I K K M J N C Y
```

FRËNN

AKTIVITÉIT

SCHOONHEID

CHANCE

ZIL

SCHWIERIGKEIT

AUSFLUG

FREED

ONGEWÉINLECH

SCHÄFFE

NATUR

LËTZEBUERG

NEI

GEFFER

VIRBEREEDUNG

SAFE

# 72 - Forme

```
R E C H T E C K L A H O N E Y
E E F I I F Q R I Y Y V G M K
D L K X Ä R D M A Z P W U V L
N A L R S G I L E K E E I R D
I V P I E W G M R V R S L K R
L O Z G P E E W P N B H N E R
Y K U R V S S Z R J E B B G M
Z C C I B G U Q I N L Y V E K
M E G A M I N X S H G L Z L G
J R F O B J O R M Z K Y B U G
P J J L M K G L A M N C P L L
T H N P Y N Y K A N T E U I T
Y U B Q I Q L E D D U S Y N T
Q W Z N I I O S A I G G L N N
X T M V T D P K F L S X F N P
```

ECK  
ARC  
KANTE  
KREES  
ZYLINDER  
KEGEL  
MEGAMINX  
KURV  
ELLIPS  

HYPERBEL  
SÄIT  
LINN  
OVAL  
POLYGON  
PRISMA  
RECHTECK  
DRIEEKEL

# 73 - Oceano

```
G P G F C D Y Y D D J Q D W K
D E B B A R K U F E X U E E V
E K Z M A W H C S L S A C L K
W A L Ä K B P B M P T L K L R
Y R A N I L M Z Q H U L E E N
G K A L X T J V K I R E L N B
R A S V N H E D E N M A S A O
H U R B F J W N P U J N M V O
K O O N A U S T E R B V O T T
W Z D G E H X I H S O D U U I
U J N D S L R I F F A C K N E
N L R Z O N E A K R T L S N Q
Q F H M I B I H C S I F Z U D
L F J N Q K E K O R A L L E N
S V S W F X M Z Z D C J P P A
```

AAL
WAL
BOOT
KORALLEN
DELPHIN
GARNELE
KRABBE
GEZÄITEN
QUALLE
WELLEN

AUSTER
FISCH
KRAKE
SALZ
RIFF
SCHWAMZ
HAI
DECKELSMOUK
STURM
TUNN

# 74 - Famiglia

```
V B J B O M U R K S D W Q L V
V J O P R E T H C E U D R E T
L M W M E U E V E N V P S E T
E M S L I Q D N A K C Q O P E
K A N N E R U D L H Q L G P S
N M F R A D Z T E E H D N A K
O J D U B K D I K R F W E P B
S S W F P A L G N M J F S V H
S S J V B N H J E X A I O T B
S C H W Ë S T E R D Q N K A B
P G G R O U S S P A P P N N N
B Y V Ä T E R L I C H W O T T
M Ü T T E R L I C H X R I O H
H R K J U N I C Z C B F X V Y
V I R F A H R E K P E K O S F
```

VIRFAHRE
KANNER
KAND
KOSENG
DUECHTER
BRUDDER
KANDHEET
MAMM
MANN
MÜTTERLICH

FRA
NEVEU
ENKEL
BOMI
GROUSSPAPP
PAPP
VÄTERLICH
SCHWËSTER
TANT
ONKEL

# 75 - Creatività

```
D  M  F  L  J  J  O  B  K  S  K  S  E  J  I
R  F  V  Ä  U  W  O  I  L  P  L  E  M  N  N
A  N  N  Q  E  V  Y  L  H  O  A  N  O  M  T
M  S  U  K  U  G  Z  D  K  N  R  S  T  D  E
A  V  O  I  V  T  K  H  I  T  I  A  I  I  N
T  A  I  T  N  I  J  E  K  A  T  T  O  N  S
I  U  T  S  O  O  P  I  E  N  É  I  N  V  I
S  S  A  I  I  S  P  S  I  T  I  O  E  E  T
C  D  R  T  T  O  K  A  P  D  T  U  N  N  É
H  R  I  R  I  R  U  T  R  C  E  N  B  T  I
E  O  P  A  U  F  I  N  X  L  P  E  A  I  T
B  C  S  Q  T  Y  I  A  G  M  G  Q  N  V  W
T  K  N  H  N  Q  T  H  D  A  I  H  A  I  Y
A  B  I  B  I  G  A  P  K  E  N  J  B  O  F
A  U  T  E  N  T  I  Z  I  T  É  I  T  O  H
```

| | |
|---|---|
| FÄEGKEET | BILD |
| ARTISTIK | INTENSITÉIT |
| AUTENTIZITÉIT | INTUITION |
| KLARITÉIT | INVENTIV |
| DRAMATISCH | INSPIRATIOUN |
| EMOTIONEN | SENSATIOUN |
| AUSDROCK | SPONTAN |
| IDEEN | VISIOUN |
| PHANTASIE | |

# 76 - Veicoli

```
K J B M F Z T I É K A R Z U P
H I J L X Y R E I É L F N M G
N E U E N P A E R O L L E R S
D Q L R O Q K D O B B B G P T
X M M I X X T M T Y U E A D X
V Q U I K F O N O V N V W U K
R A W L U O R Q M V N Ë N G K
F L H T O H P V B M E L E E V
M A Z B O X Q T O M T K K E P
Z U C H B W A K E G T E N B B
B G P B S S U C G R O R A M W
Z O V V U V T U M K L U R C M
Q U O T Y S O R U H U N K W C
U Z T T F D K T V K O G K J C
L N I E W E R O L L R N O E U
```

FLÉIER  
KRANKENWAGEN  
AUTO  
BUS  
VEEL  
TRUCKT  
ROULOTTEN  
HELIKOPTER  
BUNN  
MOTOR  

PNEUEN  
RAKÉIT  
ROLLER  
BOOT  
NIEWEROLL  
BEVËLKERUNG  
TRAKTOR  
ZUCH  
DEE

# 77 - Natura

```
D B E C T B R G T J E U L Y L
L Y L T C V M L R P P Y N T Y
A G N Ë D P M A A U W R U Z B
W D D A T X M Z C N O W O G D
L I E T M T W I T R O P I S K
Z E T S I I N E K L O W S O J
L H T V I R S R E I É D O L F
X N E I E B R C U Z D N R F T
X O X I N Q K X H P Y N E Y Y
F O M U T G E L L E H I D Y P
W H S M L E Y O I N S W R G N
G C B Q L J R G X V N W P X H
C S I D Ë A R K T I S E W X F
E V S Z W H Z V I H R L X C O
E N T S C H E E D E N D S M Y
```

DÉIER
BEIEN
ARKTIS
SCHOONHEID
STE
DYNAMISCH
EROSIOUN
FLOS
BLËTT

WALD
GLAZIER
NIWWEL
WOLKEN
HELLEGTUM
WËLLT
HEITER
TROPISK
ENTSCHEEDEND

# 78 - Paesi #1

```
P L D S P U E N I E N K Ä M H
W A I K R K X E L Z P A G Z L
G A N B Y X L L A J U N Y Q D
L I V A Y M A O M Y A A P M D
T L C L M E E P I B H D T A B
B M G M F A N Q P P C A E R R
I S R A E L W N M F S V N O A
D Ä I T S C H L A N D E R K S
A N E G E W R O N E O N S K I
R L A G E N E S T I B E D O L
S L F L O V T S E N M Z L A I
I D L F N A K A I Ä A U B M E
R T K H K N Z I V M K E A N N
A V Z U Z Z I B C U R L O X A
K I N D I E N F O R N A F O X
```

BRASILIEN
KAMBODSCHA
KANADA
ÄGYPTEN
FINNLAND
DÄITSCHLAND
INDIEN
IRAK
ISRAEL
LIBYEN

MALI
MAROKKO
NORWEGEN
PANAMA
POLEN
RUMÄNIEN
SENEGAL
SPUENIEN
VENEZUELA
VIETNAM

# 79 - Campionato

```
S  R  I  C  H  T  E  R  G  X  C  O  U  U  M
L  T  R  I  L  R  V  E  A  W  H  H  G  B  O
B  E  R  T  K  O  Y  N  A  F  A  G  I  L  T
Z  L  E  A  H  P  G  G  N  M  Q  O  I  I
S  V  C  S  T  S  P  E  P  W  P  M  N  A  V
V  C  X  L  C  E  G  R  G  T  I  Z  R  D  A
I  Z  H  B  I  H  G  V  L  E  O  X  U  E  T
C  C  C  W  S  N  T  I  R  A  N  T  O  M  I
T  R  H  G  E  O  V  U  E  M  N  W  T  I  O
O  G  Y  M  S  I  R  Z  N  R  A  Y  C  U  U
I  F  Q  G  R  P  S  Z  I  G  T  M  V  P  N
R  R  J  H  Z  M  T  S  A  H  P  Q  F  I  T
E  Y  B  D  D  A  B  T  R  A  I  L  Z  I  Q
B  Q  G  V  Q  H  H  T  T  M  X  U  H  Q  U
O  J  R  E  T  C  Q  Z  M  L  R  W  N  H  Y
```

| | |
|---|---|
| TRAINER | MOTIVATIOUN |
| CHAMPIONNAT | LEESCHTUNG |
| CHAMPION | SPORT |
| REGNER | TEAM |
| MVP | STRATEGIE |
| RICHTER | SCHWEISS |
| LIGA | TOURNOI |
| MEDAIL | VICTOIRE |

# 80 - Geometria

```
B L S Y M M E T R I E I H H U
G E L E U Z P K P W B X É O E
F K R H Q S E G M E N T I R W
Y E Y E A U V S I E W O C I E
I E R O C O A E G L G U H Z R
E I R O E H T T R P J G T O F
O R O L L Z N K I T I L L N L
Q D X A E V U I P O I V L T Ä
P S P D N U N G N K U K E A C
K E G A X J D O L G S N A L H
V L Q X Z L E L L A R A P L Z
N U O I S N E M I D R M J K W
K R E E S Y L E G N E I K H Z
D U E R C H M I E S S E R C A
T L Q K U R V M E D I A N E T
```

HÉICHT  
ENGEL  
BERECHNING  
KREES  
KURV  
DUERCHMIESSER  
DIMENSIOUN  
EQUATIOUN  
LOGIK  
MEDIANE  

ZUEL  
HORIZONTAL  
PARALLEL  
UNDEEL  
SEGMENT  
SYMMETRIE  
UEWERFLÄCH  
THEORIE  
DRIEEKEL  
VERTIKAL

# 81 - Foresta Pluviale

```
G F O D I C Y C D Q D Y D V Q
E E R Ä Z M R R E K I Q A I O
O P M L M Z R E G S V I E N P
S L G E Y U E F L A E S A U B
A U U T N E W E I L R E W W I
W X Q L X G Q R Q N S W Y Z D
W Ë S C H T M E I B I H P M A
R O T X N W I N X V T V H V L
W O L K E N K Z H T É S U F L
M O O S T R L E M H I W M E F
N P R B K Z I N S L T A M Y L
A A O F E X M Z U F L U C H T
T M F K S N A R E S P E K T F
U K B T N U G E T I E R E N W
R N U O I T A R U A T S E R E
```

AMPHIBIE
ZÄRE
KLIMA
GEMENG
DIVERSITÉIT
INSEKTEN
UGETIEREN
MOOS
NATUR

WOLKEN
REFERENZEN
WËSCHT
RESTAURATIOUN
ZUFLUCHT
RESPEKT
IWWERLIEWE
VUEL

# 82 - Edifici

```
Y F T W C C A Z A J Z T H S S
Q M E G M L H M Y V E T O C C
Q V G Y T U N L B G L U S H H
G Y Q Y P L S G T A T R T L E
S T A D I O N E H F S M E O U
S C H O U L T M U H M S L S N
G M Y N P F X H C M W U Y G E
A N N I B A K Y E T R Z I O A
D F M K X B U E A A O O E B S
O J N N B R D B L D T P I O H
Z Q L O D I P S B A X E F Y O
C N R T Z E G L Z F B E R A T
W O Z H T K R A M R E P U S E
L A B O R A T O I R E N H F L
A P P A R T E M E N T D X C N
```

AMBASSY
APPARTEMENT
KABINN
SCHLOS
KINO
FABRIEK
SCHEUNE
HOTEL
LABORATOIRE

MUSEUM
SPIDOL
HOSTEL
SCHOUL
STADION
SUPERMARKT
THEATER
ZELT
TURM

# 83 - Malattia

```
I  A  T  E  M  W  E  G  E  R  P  D  N  G  H
M  T  H  E  R  A  P  I  E  X  W  W  E  E  W
M  B  T  E  E  H  D  N  O  S  E  G  U  N  K
U  F  V  G  S  C  H  W  A  C  H  T  R  E  L
N  H  I  V  N  S  B  I  W  Y  W  T  O  T  Y
I  U  S  T  I  E  C  H  E  N  D  E  P  I  V
T  S  O  T  F  N  I  F  H  I  U  L  A  S  E
É  B  N  Z  U  O  Z  G  Z  X  G  E  T  C  R
I  O  A  M  K  R  E  P  R  E  I  K  H  H  I
T  I  S  U  M  H  J  E  Ä  E  P  S  I  F  E
N  S  T  F  C  C  Z  G  H  V  L  F  E  B  R
N  C  X  F  Y  H  B  T  O  V  S  L  W  E  W
Y  O  F  S  W  L  A  I  R  E  T  K  A  B  E
K  E  R  S  Y  N  D  R  O  M  S  C  B  E  N
E  N  T  Z  Ü  N  D  U  N  G  N  L  G  Z  G
```

BAUCH
ALLERGIEN
BAKTERIAL
USTIECHEND
KIERPER
CHRONESCH
HÄRZ
SCHWACHT
VERIERWEN

GENETISCH
IMMUNITÉIT
ENTZÜNDUNG
NEUROPATHIE
SKELETT
ATEMWEGE
GESONDHEET
SYNDROM
THERAPIE

# 84 - Paesi #2

```
S S D L A P E N A T S I K A P
Q A Y D A E B E E Y J X D I S
X S K N K O X I Q I S A N R U
U K R A I N S P E J R N A E D
V A A L A E F O G D F Y L G A
N A M R M I P I P F S P S I N
A T E I A N F H B O H T S N A
N G N K J A S T A T S B U L P
A C E Z U B W Ä M Y O G R S A
G N G L W L P G E H A Ï T I J
U M H Z O A H D X Y L E P K K
H S L D B G V Y I N Z V E U V
H G Q A B O G S K M E M U Z B
S O M A L I A T O S L Z L B Y
G R I I C H E L A N D S O T E
```

ALBANIEN

NEMARK

ÄTHIOPIEN

JAMAIKA

JAPAN

GRIICHELAND

HAÏTI

AGELOGGT

IRLAND

LAOS

MEXIKO

NEPAL

NIGERIA

PAKISTAN

RUSSLAND

SYRIEN

SOMALIA

SUDAN

UKRAIN

UGANA

# 85 - Tipi di Capelli

```
A C Q Q G B E O Y E M Y G Y H
V F G N A L R S L B W K E W P
F L E C H T E N C X S R S B K
K Z L R O H R Y E H G N O R B
U Q R X M C Q O R G W T N W C
R K U J P Ë X Y K X Y A D N H
L X C E K R X J D F Z L A N B
E D E C K D D Ë N N V G R R X
N W Ä I S S Q Z O N G J N L Z
Y F Y O U C U Q L F U G Q L M
N C Y E Q C F Z B Z N O T S T
C Q Z K C M Ë L L E E G X B F
V H U F A F Z R C I R D P G X
J T T Ë N H C S T W L P D Q F
X F O F S I L L Y B E N C N S
```

| | |
|---|---|
| DRËCHT | LANG |
| WÄISS | BRONG |
| BLOND | MËLL |
| KORT | SCHWAARZ |
| KAHL | CURLEG |
| GRO | KURLEN |
| FLECHTEN | GESOND |
| GLAT | DËNN |
| SCHNËTT | DECK |

# 86 - Vestiti

```
H L P S Z H I S G S G O T F K
T A O K C O R B Y O Y A T W E
P Q N O G H C E I N T U R E T
D F E D E P L N C M B X O B T
V D O I S O U A G M U N H D E
B E H E U C H L F W T U C U K
N N C L L P H W L A H C S Z H
M X S K B O L U E O N T Y G A
M A N T E L T I H J V Z V Z R
D Z Q F R A H I A E T E U H M
Z T H J A C K E B A B E R G B
H L A Y H L H S Y N R O N E A
M O D E L A D N A S C W R L N
L E D M S K T S H I R T R F D
M K N R O J V R D H G Y K C R
```

| | |
|---|---|
| KLEID | SCHORT |
| ARMBAND | HANDSCHUH |
| BLUSE | JEAN |
| T-SHIRT | PULLOVERE |
| HUET | MODE |
| MANTEL | BOX |
| CEINTURE | SCHLAFANZUG |
| KETTE | SANDALE |
| JACKE | SCHOEN |
| ROCK | SCHAL |

# 87 - Attività e Tempo Libero

```
V K G S Y B U W T C Z F B L I
O O T B B O X C P I T O R O M
L N K E L L A B E S A B E G X
L S A Z S Z Z H M C L B E F K
E C B P U D S K E H P U S V I
Y H S N B G A X N E F R U S S
B T Q U S A F U F M L C G Q C
A D P Y S N S B E A O R B S H
L C H D U E R K G R G K N A W
L D G O F W L N E R E I E W A
Q W U F I R K H F T F G X U M
Y I F Y Y G A R D E N E A Z M
C A M P I N G S P L A Z L D E
L Q R Z T A L P S I N N E T N
F X X L Y U I G S W E D R D T
```

KONSCHT
BASEBALL
BASKET
BOX
FUSSBUS
CAMPINGSPLAZ
WEIEREN
GARDEN
GOLFPLATZ

DAUER
SCHWAMMEN
VOLLEYBALL
SCHEMA
RELAXEN
SURFEN
TENNISPLATZ
REES

# 88 - Tecnologia

```
Y N F P C B A S L D L Q C X Y
B R O W S E R B O C U H U H H
O L Q T J R E W K O L G R B S
D A T E I E M B Y M Z A S R V
R T E N G T A A L P A W O O W
I I E R W A K H J U H S R N V
K G H E O D P T S T G T E M F
T I R T C O E E E E A A F E E
X D E N A R C É M R G T J M U
V H H I B Y T E B O A I B P R
B K C V I R U S G X H S L A F
G T É U K W K B O Y C T O C V
M W S S I T B M H B C I G D E
S O F T W A R E E N M K J U A
U Q E O D D W Z I N O Z Y Y G
```

BLOG
BROWSER
BYTE
COMPUTER
CURSOR
DATE
DIGITAL
DATEI
INTERNET

HOMEPAGE.
ÉCRAN
SÉCHERHEET
SOFTWARE
STATISTIK
KAMERA
MEI
VIRUS

# 89 - Meteo

```
D  T  T  Ë  L  B  Z  M  C  H  W  X  Z  C  T
T  O  R  Ä  F  S  O  M  T  A  D  O  T  T  E
Q  K  N  O  H  U  R  R  I  C  A  N  N  V  M
N  N  I  N  P  H  B  L  W  P  W  W  Q  B  P
C  O  R  S  E  I  O  W  I  C  L  D  V  U  E
E  B  M  M  R  R  S  T  O  R  N  A  D  O  R
M  M  V  T  L  Z  I  K  P  X  H  Y  R  B  A
X  R  M  P  N  A  Ä  M  O  N  S  U  N  E  T
D  Ü  R  R  E  S  I  R  B  I  Z  N  B  E  U
D  H  U  A  K  U  M  J  P  P  Y  I  F  R  R
R  I  T  J  L  E  W  W  I  N  I  D  W  W  V
Ë  M  S  T  O  O  W  A  N  D  K  L  I  M  A
C  M  K  L  W  Z  P  U  L  F  Z  J  O  U  T
H  E  N  D  I  D  A  A  H  G  S  P  E  Y  U
T  L  V  N  J  H  W  Q  M  B  D  L  M  H  W
```

| | |
|---|---|
| REEBOU | WOLKEN |
| DRËCHT | POLAR |
| ATMOSFÄR | DÜRRE |
| BRISE | TEMPERATUR |
| HIMMEL | STURM |
| KLIMA | TORNADO |
| BLËTT | TROPISK |
| ÄIS | DONNER |
| MONSUN | HURRICAN |
| NIWWEL | WAND |

# 90 - Corpo Umano

```
C R B W K H E J V W U V S G Z
E W S L E E K N A K E V C A U
X V D S U E N N Ë K N W H N J
F M I E O T Y G R K C R O J P
Y V H Z B K D F E E B C L E V
Z J R S E I N K U S Z V L D X
R J G S L K A J O Y I V E Q S
Ä S F D E L H S N I G C R W F
H A L S I R Q S S O E S H L X
Z H V G F Y U I G X H I W T H
Q H Q H K D Q R T F I S L J M
F A D W D S P H Q D E B Z H O
X U F A N G E R K D R X A O P
K T Z Q O K A P P A I R Q O G
I L U F M J V F D A P V J T M
```

MOND
ANKEEL
GEHIER
HALS
HÄRZ
FANGER
GESICHT
BEE
KNIE
IELEBOU

HAND
KËNN
NEUS
OUER
HAUT
BLUT
SCHOLLER
MO
KAPP

# 91 - Mammiferi

```
S H T O J K C T G E Z X O B G
N R U M M O T O O O P G J U E
P K T E U J F B R W O L F L B
E Ä Ä E T O H W I O M M A L Ä
I X E N A T O L L S F F H K R
M V W R G E E O L R Z C C D E
W K N E D U P U A L G R S Q N
A C E I N N R W D E L P H I N
L B V E O J E U U J H R C F C
L W A D H F U C H S A R B E Z
K C I E S F G C S P F U E G Z
O B H X O A P T U R G J N Q Y
Q M Z L D R D P S I S Z Z X V
T E B X Q I Z M E L E F A N T
O D D B S G I R V E U S K C L
```

| | |
|---|---|
| WAL | GIRAFF |
| HOND | GORILLA |
| KÄNGURU | LOUW |
| PÄERD | WOLF |
| DEIER | GEBÄREN |
| HUET | SCHAF |
| KOJOTE | AF |
| DELPHIN | BULL |
| ELEFANT | FUCHS |
| KAZ | ZEBRA |

# 92 - Cucina

```
S H C H C K T A M K U R D I S
E Q R G U O R K G E X G X K F
R X L U P R O S F T F Y S O S
V O F V B R H T O T U M Z N F
I L J D W E C Ä R E Z E I R F
C Y Q N Z S S B K L B B K F X
E B L T M C Y C E F H N A L D
W A S T A H V H U G M T W I B
Z C D C W T G E G T I E B M U
A K N A H R N N E O G I R F D
M O S I C O D I P P X A E R E
T F H T S X U C B U N X S F H
N E H C S Ë L L I R G S S H T
S N E Z R O R H N K H E E J Q
W R Z F C N R G R D S N M V K
```

STÄBCHEN          BACKOFEN
KETTEL            FRIGOEN
KROU              SCHORT
MAT               GRILL
SCHOUL            RESCHT
MESSER            RZEN
FRIEZER           SCHWAMZ
LËSCHEN           CUP
FORK              SERVICE

# 93 - Giardinaggio

```
W T C I A Y W P E B A B P M K
M A Z C M C X J D X F O L I A
C D A E S S B A R R O H K F J
X L V S D E E S F R T T L B J
K A I P S R U V B L A T I C S
S O C G Q E R Z T U M H C S E
C G M L W D R A H C R O S B K
H Y L P D G S X Z Ä R E A R R
A M O N O B L É I L W I I S O
U Y J D V S H I A S I G S W F
C I P T F T T T Ë L B W O V A
H P G D N F R E N I A T N O C
K L I M A Q H S B Q E M A H O
F I I C H T E G K E E T L H D
O E B L U M E N S T R A U S S
```

WAASSER
ZÄRE
KLIMA
ESSBAR
KOMPOST
CONTAINER
EXOTISK
BLÉI
BLAT

BLËTT
ORCHARD
BLUMENSTRAUSS
SEEDS
SCHMUTZ
SAISONAL
SCHAUCH
FIICHTEGKEET

# 94 - Universo

```
J C C P W V A D Q Y X A L A G
T E L E S K O P L Y R T H G B
S O N N E N W E N D E M I W R
A T N O Z I R O H E T O M F E
S E I M O N O R T S A S E B E
T Y S S P R A G A W T F L V D
E S E Y S S Q S T G N Ä L R E
R E G D X O V V T I B R O Ä G
O Y D J Q L W B N R K S E H R
I D H Y D A I D U X O Q H P A
D N V U V R H R O A D N W S D
K O S M I S C H M R L S O I Y
H I M M E L E Z N I I C Y M F
G Z D Ä I S C H T E R T Y E Z
T I E R K R E I S K E C F H X
```

ASTEROID
ASTRONOMIE
ASTRONOM.
ATMOSFÄR
DÄISCHTERT
HIMELL
HIMMEL
KOSMISCH
HEMISPHÄR
GALAXY

BREEDEGRAD
LÄNGT
MOUNT
ORBIT
HORIZONT
SOLAR
SONNENWENDE
TELESKOP
GESINN
TIERKREIS

# 95 - Jazz

```
L Q N X J B C C O F O X K E H
A I M L W I K J R A U H Ë B E
I A D Q X N W B C V Q T N R Z
P O K D K L T J H O N H S X R
R H Y T H M U S E R H T C X A
S T I L E L P H S I G Y H S F
X N U B T H E P T T X J T B Q
I Y D H S K H H E E V M L E N
T E K N I K K J R N R S E R U
N A I P N C O N C E R T R U V
E Z S N O W Z B C E U K M M J
L H U E P C I X E N A U D T Q
A U M I M U B L A T G Y G J A
T C W T O D R U M K O M B Q B
P G X I K C F H T H G N N A G
```

ALBUM
KËNSCHTLER
DRUM
LIDD
KOMPONIST.
CONCERT
BETON
BERUMT
MUSIK

NEI
ORCHESTER
FAVORITEN
RHYTHMUS
STIL
TALENT
TEKNIKK
AL

# 96 - Vacanze #2

```
M V E L E T O H C U Z S Q H E
C H W E D R Y X I C O T X P C
F D E F U A S L I M X R F A R
E V G Z N N Z I L P H A T S X
R C M S Q S I E R N C N C S F
Z I A L Y P L T F L E D P T R
E L M S X O N I E W E R O L L
L T A Z R R E N N Ä L S U A N
T X Y C F T G C S M N B N S T
C A M P I N G S P L A Z C I Y
F L U C H H A F E N E W J V I
R K A A R T J P F X Q Z R S P
X L P Q X D U Y C X J H M W Z
V S A N E F J T Q Z O P H Q Q
J F R É I S C H T V M I E R Q
```

FLUCHHAFEN
CAMPINGSPLAZ
ZIL
HOTEL
INSEL
KAART
MIER
PASS
STRAND

AUSLÄNNER
NIEWEROLL
FRÉISCHT
ZELT
TRANSPORT
ZUCH
REIS
VISA

# 97 - Attività

```
M  N  S  F  M  N  Ä  H  W  F  Z  J  K  Y  K
G  V  B  O  A  E  F  I  E  Ä  P  G  P  V  V
K  W  P  T  G  S  J  Y  I  E  J  V  K  N  T
B  C  E  O  I  E  B  H  E  G  W  T  V  X  I
D  N  E  G  S  I  L  J  R  K  F  Y  E  P  É
A  U  J  R  C  L  C  A  E  E  L  T  Q  I  T
G  O  C  A  H  K  I  C  N  E  E  D  O  S  I
B  I  D  F  I  V  G  H  I  T  I  X  T  X  V
L  T  I  I  O  M  D  T  Y  L  S  J  H  F  I
F  A  N  E  D  R  A  G  K  O  N  S  C  H  T
M  X  S  C  H  E  M  A  E  S  W  C  S  E  K
C  A  M  P  I  N  G  S  P  L  A  Z  I  T  A
K  L  V  R  A  L  O  Q  B  J  P  V  É  E  G
K  E  X  J  Z  H  H  L  X  G  C  B  R  E  P
G  R  E  K  R  E  I  W  D  N  A  H  F  G  M
```

| | |
|---|---|
| FÄEGKEET | GARDEN |
| KONSCHT | MVP |
| HANDWIERKER | LIESEN |
| AKTIVITÉIT | MAGISCH |
| JACHT | SCHEMA |
| CAMPINGSPLAZ | FLEIS |
| NÄH | RELAXATIOUN |
| WEIEREN | FRÉISCHT |
| FOTOGRAFIE | |

# 98 - Diplomazia

```
C A D X H T A G H K I H T E C
O M O G N E M E G I T T Y Z F
N B K N N E B R I T M C K E V
S A U U A H A E B I E R G E R
E S M S S R S C V L U S D B D
I S E I C E S H R O M F I L N
L Y N É W H A T H P G S S J Q
L Q T L H C D E G H R M K R S
E L H P B É E G N C A G U E P
R N G O N S U K E O M J S G L
N U O I T A R E P O O K S E Ë
T R A T É I J E B R Y S I R S
W X G Z V T J T F P U E O I C
D I P L O M A T I S C H U N H
K O N F L I K T T R R D N G T
```

AMBASSY
AMBASSADEUR
BIERGER
GEMENG
KONFLIKT
CONSEILLER
KOOPERATIOUN
DIPLOMATISCH
DISKUSSIOUN
ETHIK

GERECHTEGKEET
REGERING
SPROOCH
POLITIK
OPLÉISUNG
SÉCHERHEET
LËSCHT
TRATÉI
DOKUMENT

# 99 - Forniture Artistiche

```
B Ë S C H T W V L B S I M B U
K A M E R A V A R L Y R C A Z
S L B G Y G J B G E L E U L Z
W T M F H U Z O K I S H K E C
A R A Y D I E Y P S X S R I P
S Y E F L V B Z E T X F A M D
S C D O F G T X F I T N D A Y
E H K D L E B A T F X W I H W
R T X P S S L D E T L Y E Q X
F R S S Ë L F E W E I N R W G
A Y Y N Q N U R I T O R G R P
R O X Y U E J B U N H E U N S
B P A P I E R W R I N M M R T
E G L I Q D V L Q T Q D M H L
K R E A T I V I T É I T I F W
```

WAASSER
WASSERFARBE
ACRYL
NIEWEFLËSS
PAPIER
STAFFELEI
LEIM
KREATIVITÉIT
RADIERGUMMI

IDEEN
TINTE
BLEISTIFTE
UELEG
HL
BËSCHT
TABEL
KAMERA

# 100 - Misurazioni

```
B J O U Y Z B Y J K D K O U B
D R G Q L V B F Y I E I R N B
K B D M A M S T N L Z L X N Z
S Y I H É I C H T O I O G O A
F Q G Q Y C V S F M M G E T T
E O T Q I M M E I E A R W F R
A D L U C W L W É T L A I R H
E T Ä C H M Q W D E C M C E M
F A N N G Z O L L R J M H W I
O I G L Y R E T I L M M T U N
K P T W T D A R G G T G U O U
W E M R E T E M I T N E Z B T
W R U A E N C U M A L K J Y T
M A S S R F F M N Y T T C T E
L P F Z B O R C I H O S U E C
```

HÉICHT

BYTE

ZENTIMETER

KILOGRAMM

KILOMETER

DEZIMAL

GRAD

GRAMM

BREET

LITER

LÄNGT

MASS

MINUTT

ONZ

GEWICHT

ZOLL

DÉIFT

TONN

## 1 - Scacchi

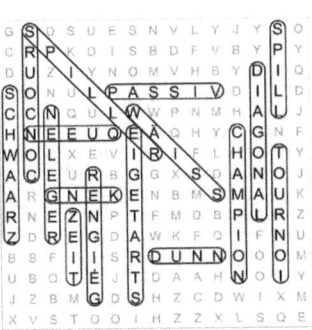

## 2 - Salute e Benessere #2

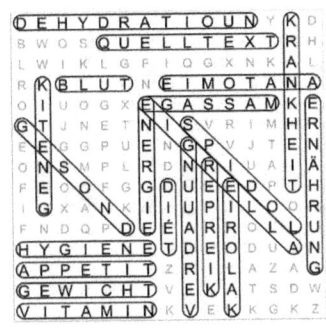

## 3 - Aggettivi #2

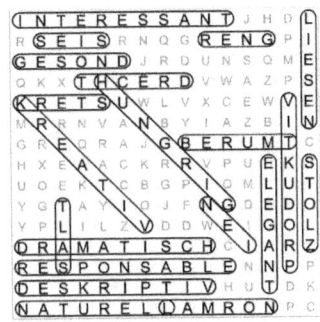

## 4 - Ingegneria

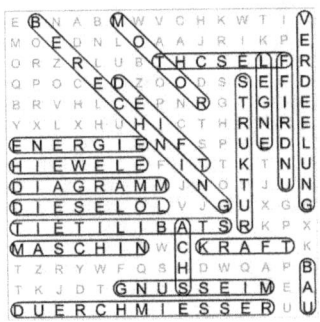

## 5 - Archeologia

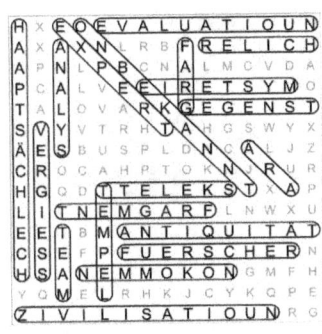

## 6 - Salute e Benessere #1

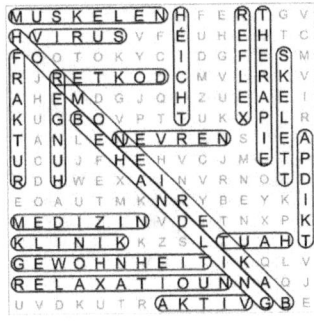

## 7 - Aggettivi #1

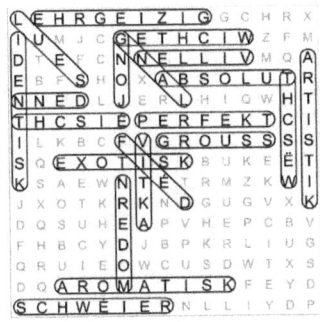

## 8 - Geologia

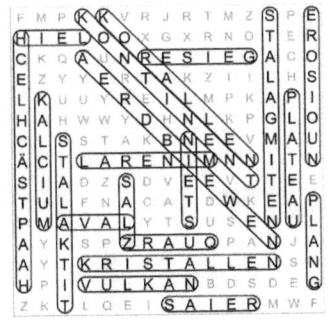

## 9 - Campeggio

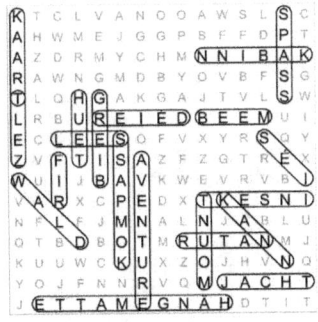

## 10 - Tempo

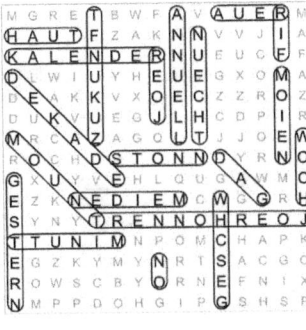

## 11 - Astronomia

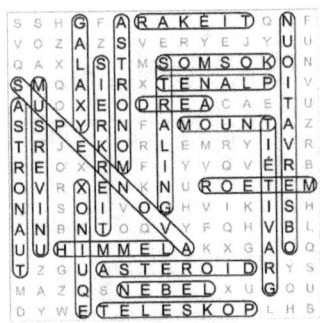

## 12 - Algebra

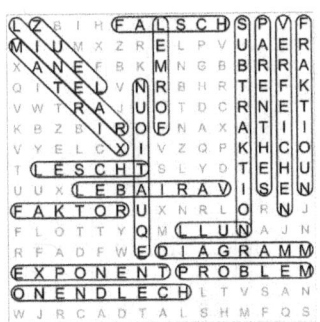

## 13 - Mitologia

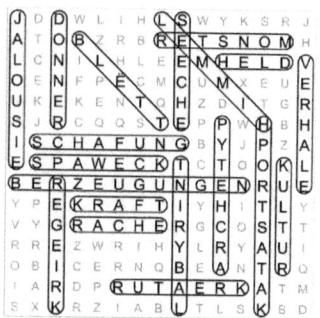

## 14 - Piante

## 15 - Spezie

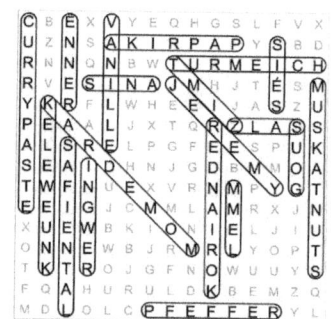

## 16 - Numeri

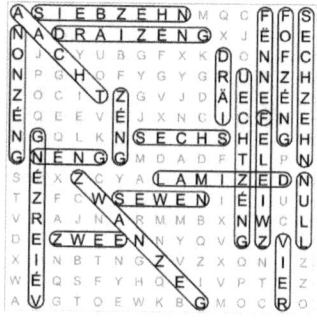

## 17 - Guida

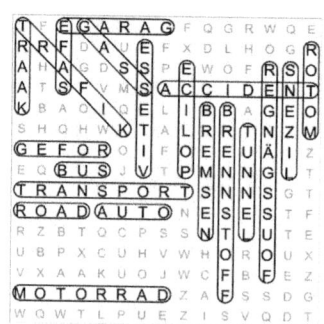

## 18 - Forza e Gravità

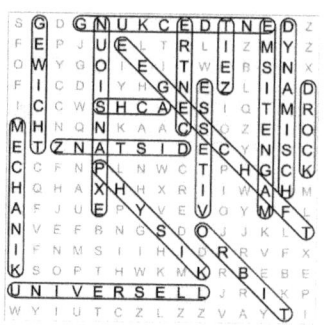

## 19 - Sport

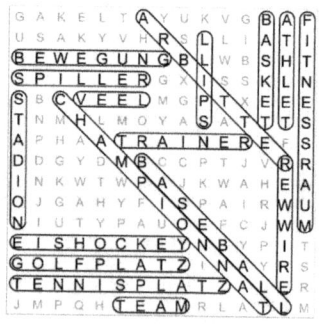

## 20 - Uccelli

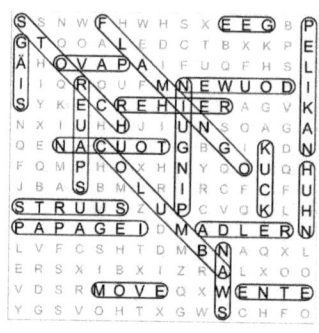

## 21 - Giorni e Mesi

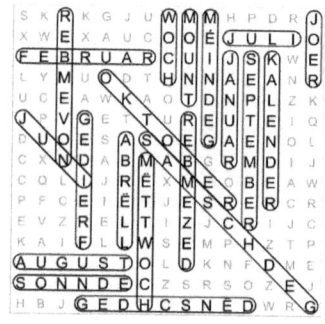

## 22 - Casa

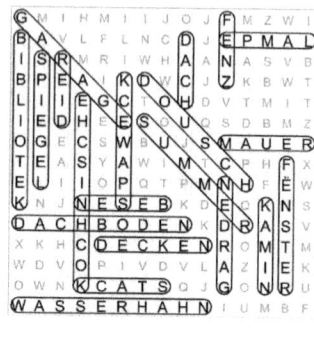

## 23 - Fantascienza

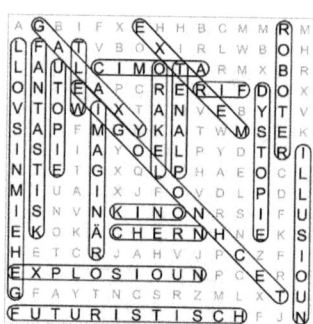

## 24 - Città

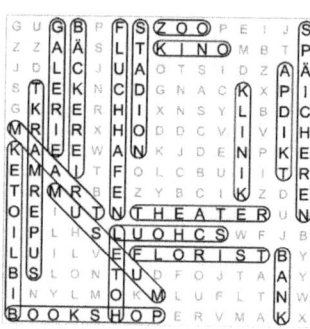

## 25 - Fattoria #1

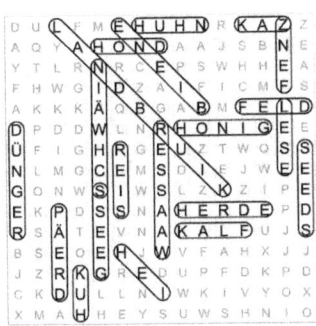

## 26 - Psicologia

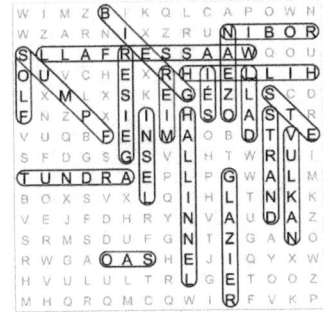

## 27 - Paesaggi

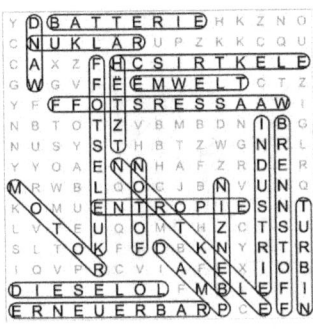

## 28 - Energia

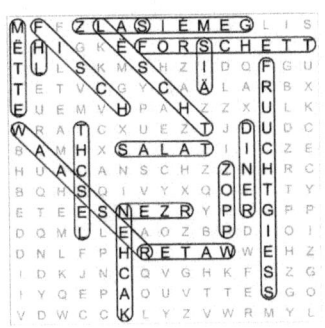

## 29 - Ristorante #2

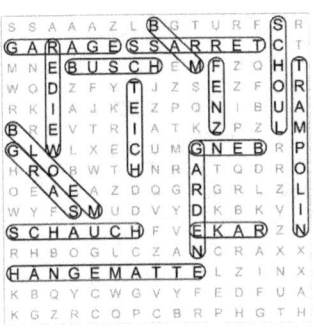

## 30 - Giardino

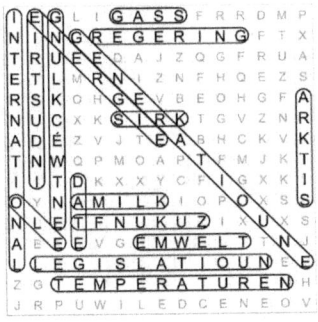

## 31 - Riscaldamento Gl

## 32 - Frutta

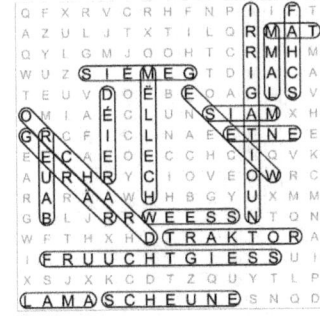

## 33 - Fattoria #2

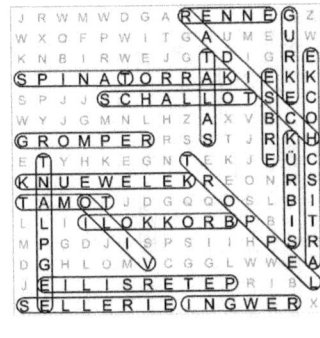

## 34 - Verdure

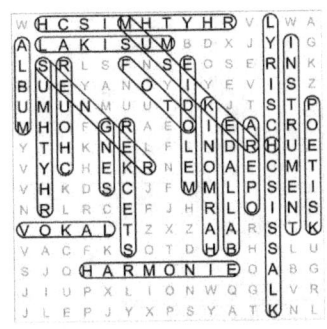

## 35 - Musica

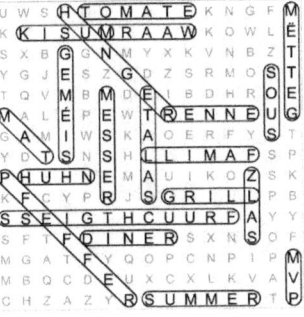

## 36 - Barbecue

## 37 - Insetti

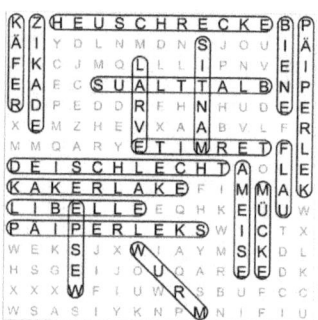

## 38 - Fisica

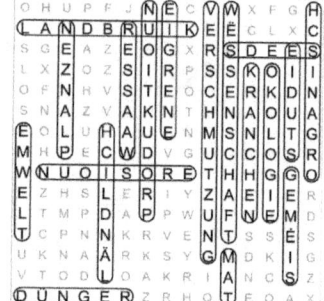

## 39 - Agronomia

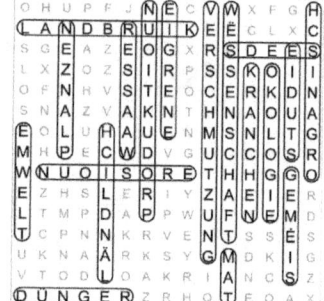

## 40 - Erboristeria

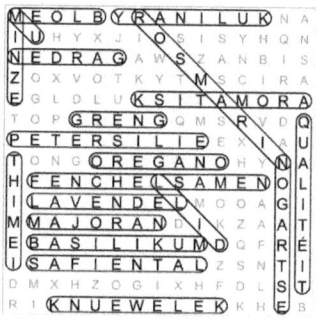

## 41 - Danza

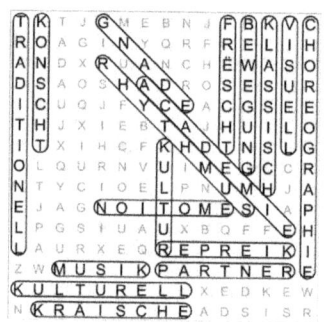

## 42 - Biologia

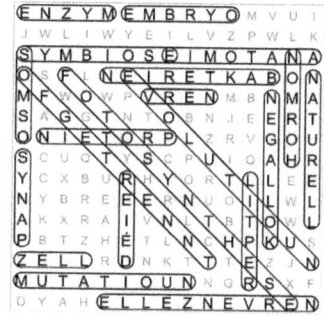

## 43 - Attività Commerciale

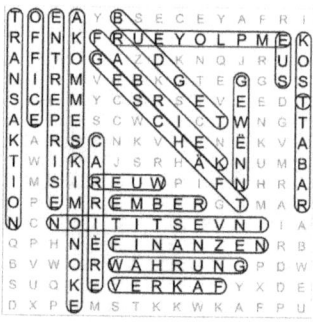

## 44 - Fiori

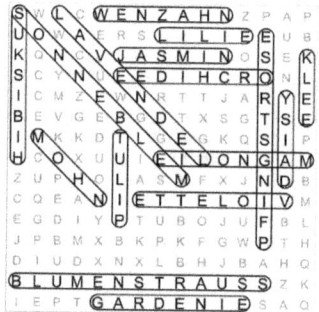

## 45 - Discipline Scientifiche

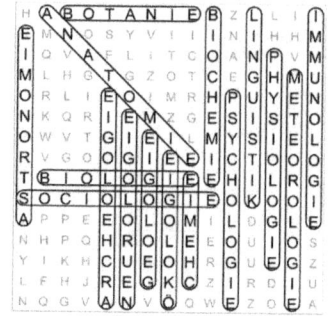

## 46 - Scienza

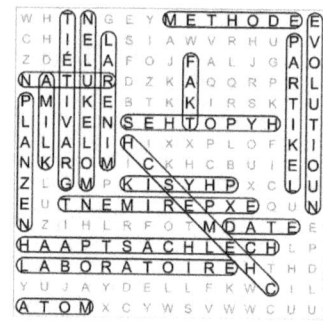

## 47 - Acqua

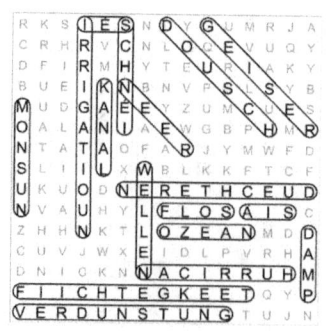

## 48 - Boxe

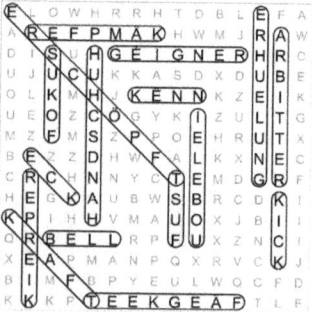

## 49 - Imbarcazioni

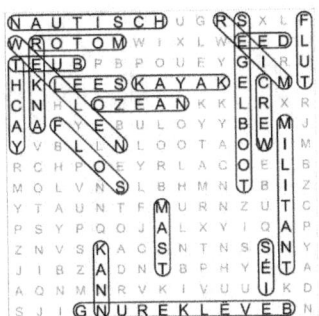

## 50 - Chimica

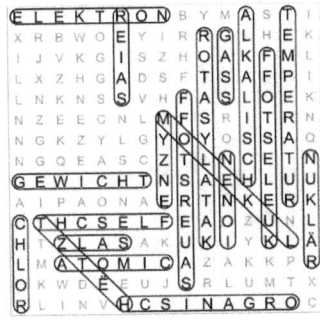

## 51 - Api

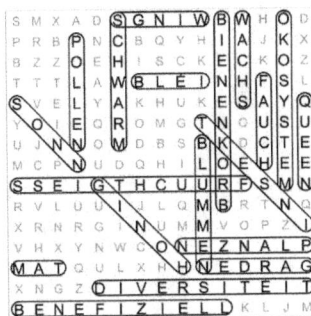

## 52 - Strumenti Musicali

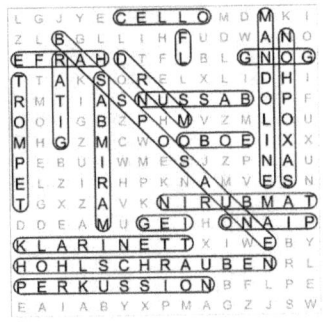

## 53 - Professioni #2

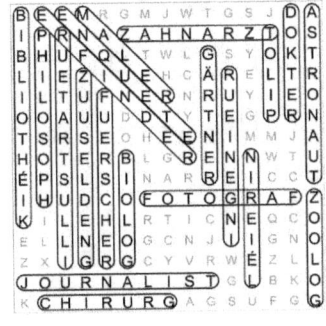

## 54 - Letteratura

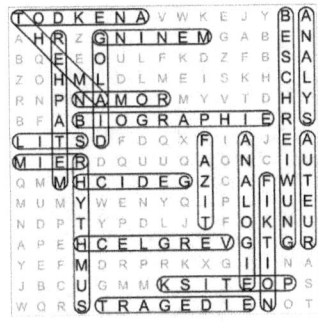

## 55 - Cibo #2

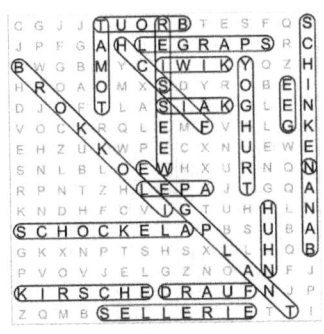

## 56 - Nutrizione

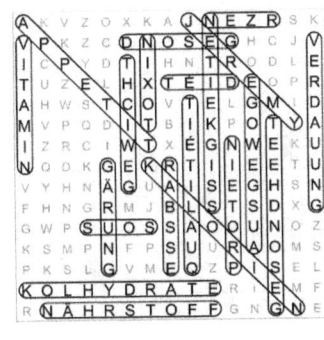

## 57 - Bagno

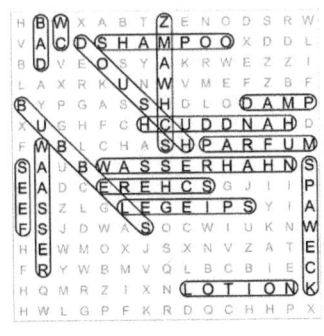

## 58 - Meditazione

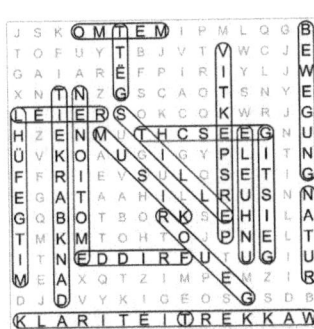

## 59 - Antiquariato

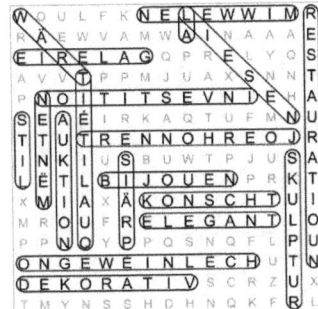

## 60 - Escursionismo

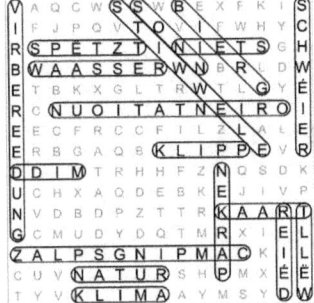

## 61 - Professioni #1

## 62 - Antartide

## 63 - Libri

## 64 - Geografia

## 65 - Cibo #1

## 66 - Etica

## 67 - Aeroplani

## 68 - Governo

## 69 - Spiaggia

## 70 - Bellezza

## 71 - Avventura

## 72 - Forme

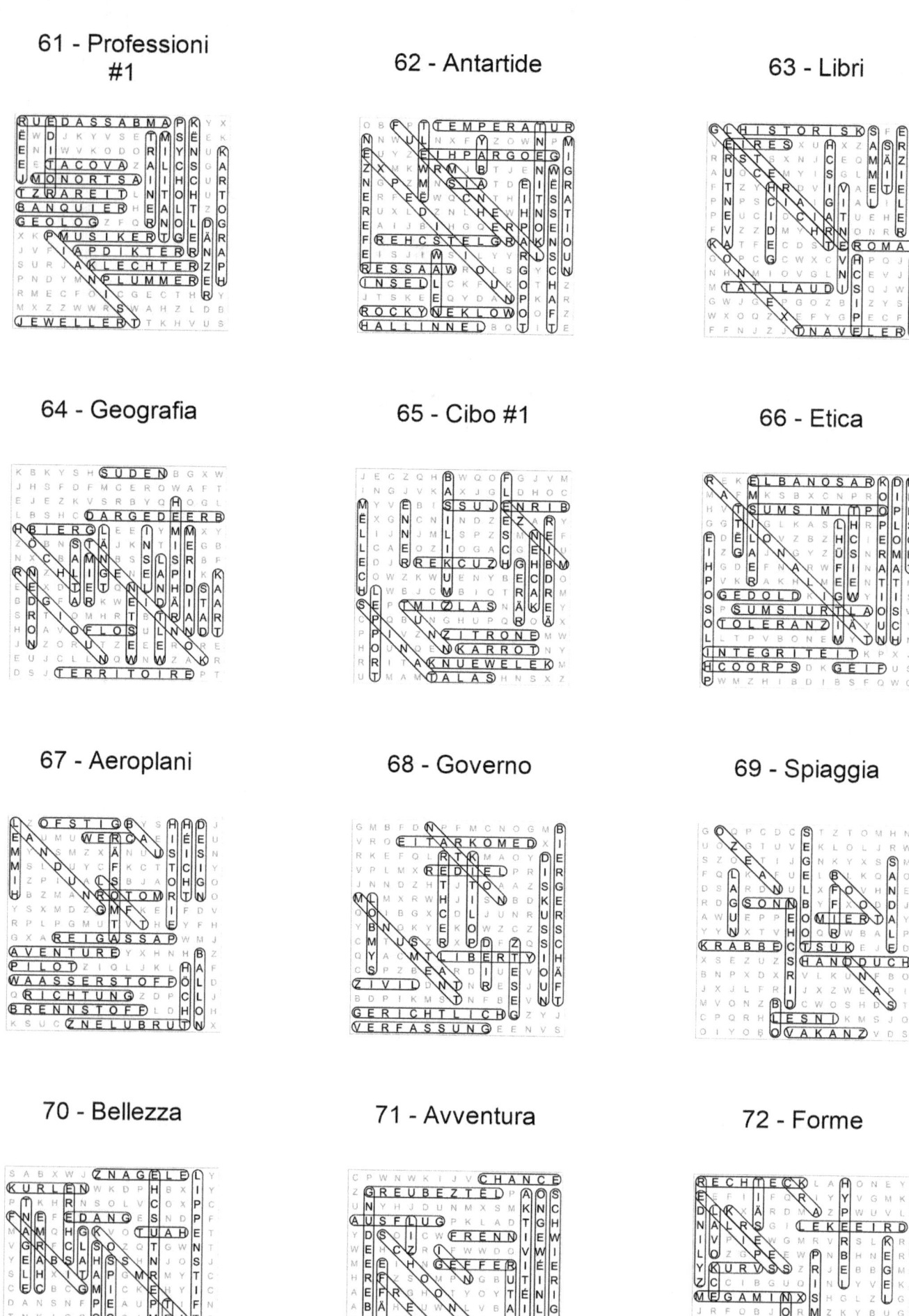

## 73 - Oceano
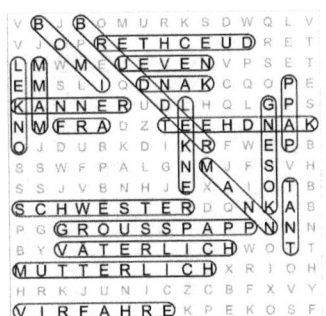

## 74 - Famiglia

## 75 - Creatività
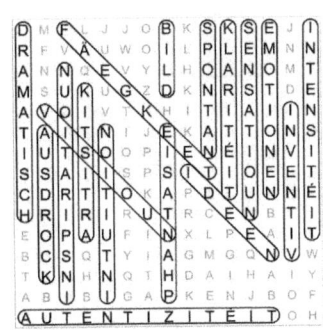

## 76 - Veicoli

## 77 - Natura

## 78 - Paesi #1
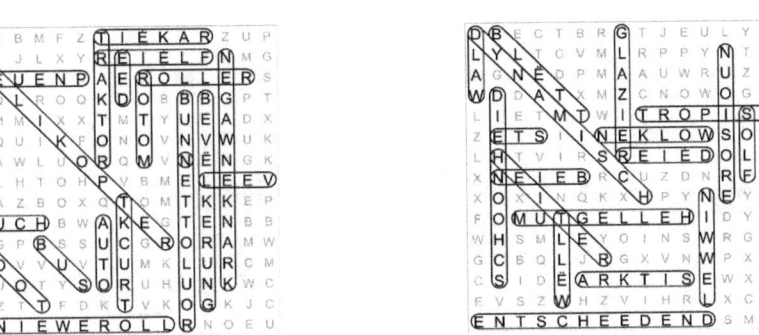
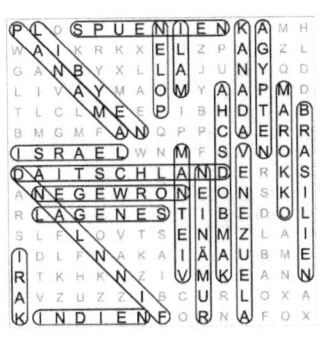

## 79 - Campionato

## 80 - Geometria

## 81 - Foresta Pluviale
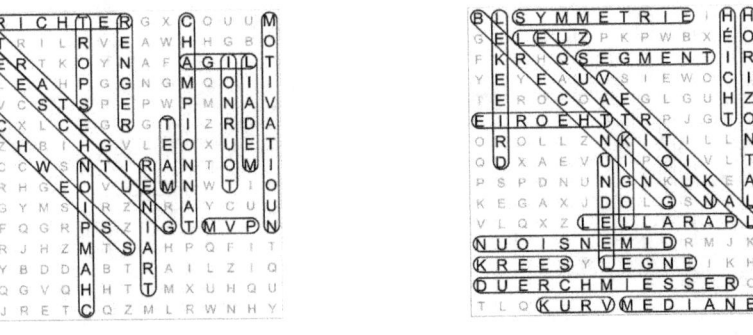
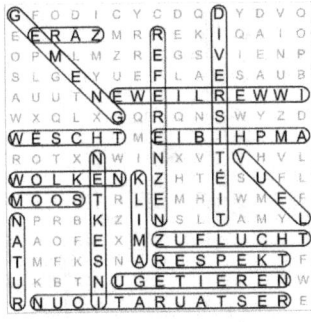

## 82 - Edifici

## 83 - Malattia

## 84 - Paesi #2
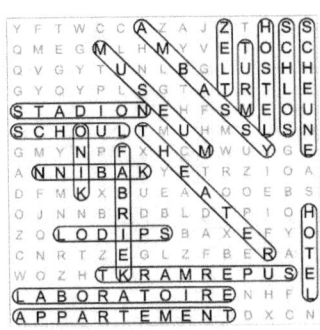
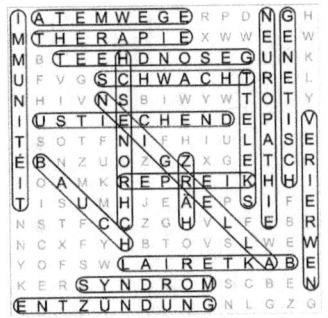
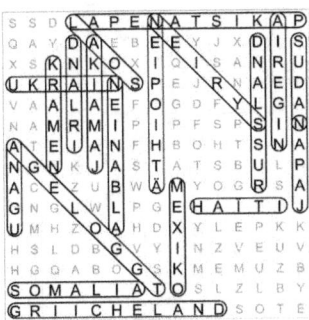

## 85 - Tipi di Capelli

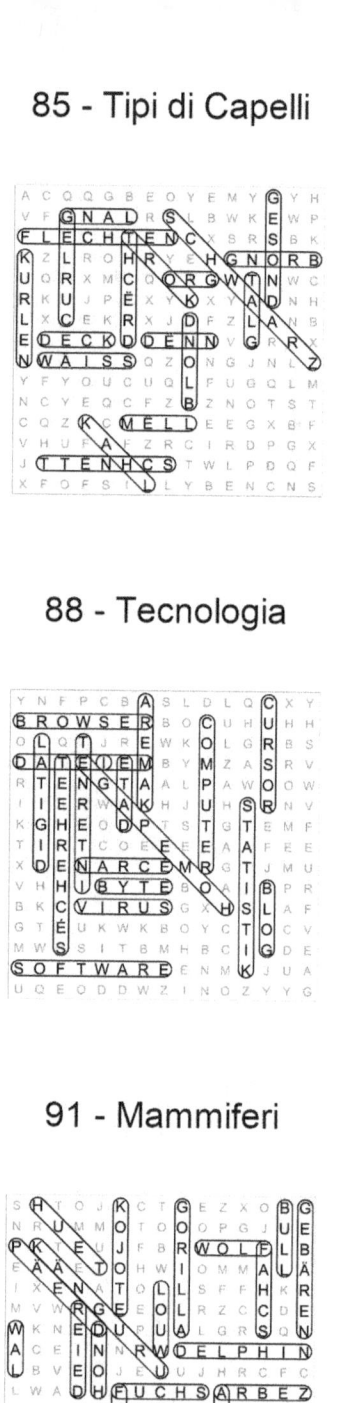

## 86 - Vestiti

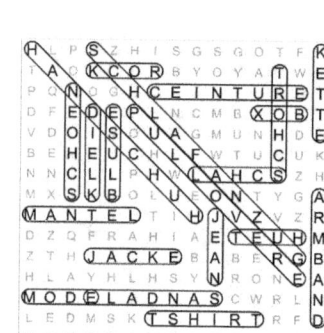

## 87 - Attività e Tempo Libero

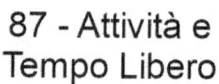
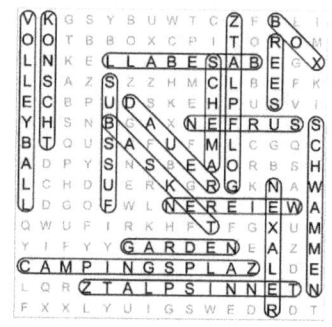

## 88 - Tecnologia

## 89 - Meteo

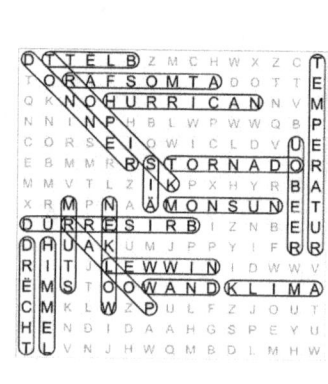

## 90 - Corpo Umano

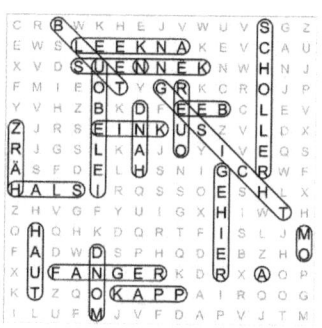

## 91 - Mammiferi

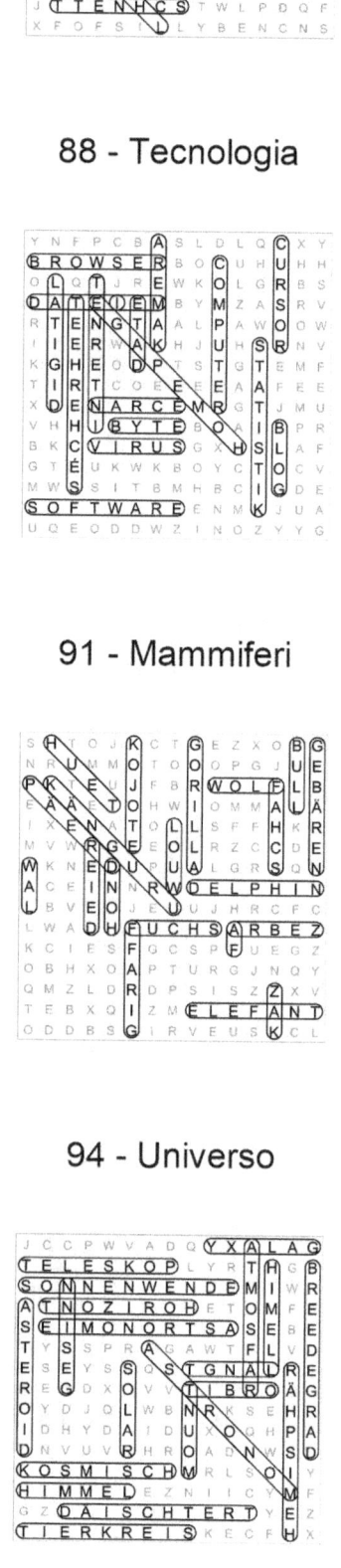

## 92 - Cucina

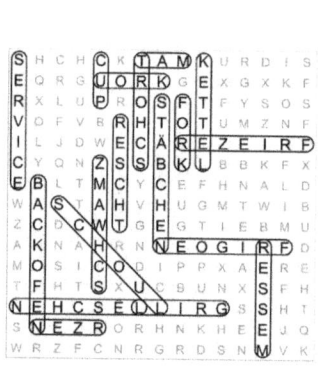

## 93 - Giardinaggio

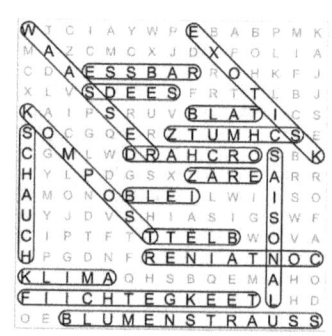

## 94 - Universo

## 95 - Jazz

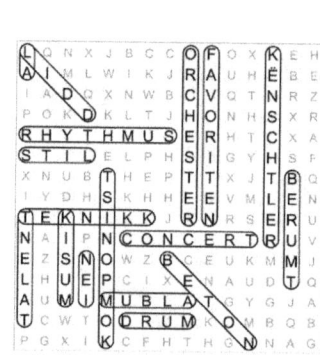

## 96 - Vacanze #2

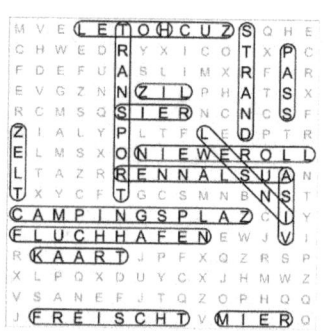

## 97 - Attività

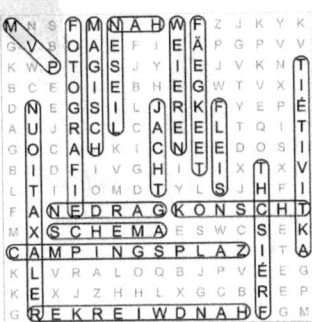

## 98 - Diplomazia

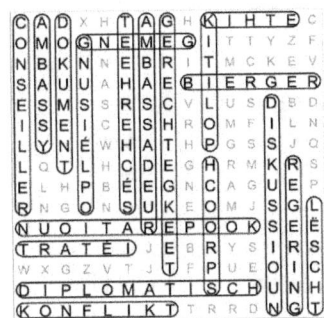

## 99 - Forniture Artistiche

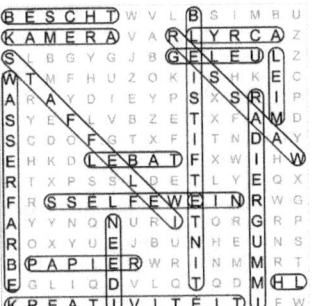

## 100 - Misurazioni

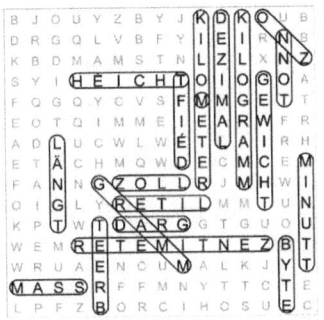

# Dizionario

## Acqua
### Waasser

| | |
|---|---|
| **Canale** | Kanal |
| **Doccia** | Dousch |
| **Evaporazione** | Verdunstung |
| **Fiume** | Flos |
| **Gelo** | Duechteren |
| **Geyser** | Geiser |
| **Ghiaccio** | Äis |
| **Irrigazione** | Irrigatioun |
| **Lago** | Séi |
| **Monsone** | Monsun |
| **Neve** | Schnéi |
| **Oceano** | Ozean |
| **Onde** | Wellen |
| **Pioggia** | Reen |
| **Umidità** | Fiichtegkeet |
| **Uragano** | Hurrican |
| **Vapore** | Damp |

## Aeroplani
### Fligeren

| | |
|---|---|
| **Altezza** | Héicht |
| **Altitudine** | Höcht |
| **Aria** | Loft |
| **Atmosfera** | Atmosfär |
| **Atterraggio** | Landung |
| **Avventura** | Aventure |
| **Carburante** | Brennstoff |
| **Cielo** | Himmel |
| **Costruzione** | Bau |
| **Design** | Design |
| **Direzione** | Richtung |
| **Discesa** | Ofstig |
| **Equipaggio** | Crew |
| **Idrogeno** | Waasserstoff |
| **Motore** | Motor |
| **Palloncino** | Ballon |
| **Passeggero** | Passagier |
| **Pilota** | Pilot |
| **Storia** | Historie |
| **Turbolenza** | Turbulenz |

## Aggettivi #1
### Adjektive #1

| | |
|---|---|
| **Ambizioso** | Ehrgeizig |
| **Aromatico** | Aromatisk |
| **Artistico** | Artistik |
| **Assoluto** | Absolut |
| **Attivo** | Aktiv |
| **Enorme** | Grouss |
| **Esotico** | Exotisk |
| **Generoso** | Villen |
| **Giovane** | Jong |
| **Identico** | Identisk |
| **Importante** | Wichteg |
| **Lento** | Lues |
| **Lungo** | Lang |
| **Moderno** | Modern |
| **Onesto** | Éischt |
| **Perfetto** | Perfekt |
| **Pesante** | Schwéier |
| **Prezioso** | Wëscht |
| **Profondo** | Déif |
| **Sottile** | Dënn |

## Aggettivi #2
### Adjektive #2

| | |
|---|---|
| **Affamato** | Hungrig |
| **Asciutto** | Drëcht |
| **Autentico** | Liesen |
| **Creativo** | Kreativ |
| **Descrittivo** | Deskriptiv |
| **Dolce** | Séis |
| **Drammatico** | Dramatisch |
| **Elegante** | Elegant |
| **Famoso** | Berumt |
| **Forte** | Sterk |
| **Interessante** | Interessant |
| **Naturale** | Naturell |
| **Normale** | Normal |
| **Nuovo** | Nei |
| **Orgoglioso** | Stolz |
| **Produttivo** | Produktiv |
| **Puro** | Reng |
| **Responsabile** | Responsabel |
| **Salato** | Salt |
| **Sano** | Gesond |

## Agronomia
### Agronomie

| | |
|---|---|
| **Acqua** | Waasser |
| **Agricoltura** | Landbruik |
| **Ambiente** | Ëmwelt |
| **Cibo** | Mat |
| **Ecologia** | Ökologie |
| **Energia** | Energie |
| **Erosione** | Erosioun |
| **Fertilizzante** | Dünger |
| **Inquinamento** | Verschmutzung |
| **Malattie** | Kranchen |
| **Organico** | Organisch |
| **Piante** | Planzen |
| **Produzione** | Produktioun |
| **Rurale** | Ländlich |
| **Scienza** | Wëssenschaft |
| **Semi** | Seeds |
| **Studio** | Studie |
| **Verdure** | Geméis |

## Algebra
### Algebra

| | |
|---|---|
| **Diagramma** | Diagramm |
| **Equazione** | Equatioun |
| **Esponente** | Exponent |
| **Falso** | Falsch |
| **Fattore** | Faktor |
| **Formula** | Formel |
| **Frazione** | Fraktioun |
| **Infinito** | Onendlech |
| **Lineare** | Linear |
| **Matrice** | Matrix |
| **Numero** | Zuel |
| **Parentesi** | Parenthes |
| **Problema** | Problem |
| **Semplificare** | Verfeichen |
| **Soluzione** | Lëscht |
| **Sottrazione** | Subtraktion |
| **Variabile** | Variabel |
| **Zero** | Null |

## Antartide
### Antarktis

| | |
|---|---|
| **Acqua** | Waasser |
| **Ambiente** | Ëmwelt |
| **Baia** | Bay |
| **Balene** | Walen |
| **Conservazione** | Referenzen |
| **Continente** | Kontinent |
| **Geografia** | Geographie |
| **Ghiacciai** | Gletscher |
| **Ghiaccio** | Äis |
| **Isole** | Insel |
| **Migrazione** | Migratioun |
| **Minerali** | Mineral |
| **Nuvole** | Wolken |
| **Penisola** | Hallinnel |
| **Ricercatore** | Fuerscher |
| **Roccioso** | Rocky |
| **Scientifico** | Wëssenschaft |
| **Spedizione** | Expeditioun |
| **Temperatura** | Temperatur |
| **Topografia** | Topographie |

## Antiquariato
### Antiquitéite

| | |
|---|---|
| **Arte** | Konscht |
| **Asta** | Auktion |
| **Autentico** | Liesen |
| **Decorativo** | Dekorativ |
| **Elegante** | Elegant |
| **Galleria** | Galerie |
| **Gioiello** | Bijouen |
| **Insolito** | Ongewéinlech |
| **Investimento** | Investition |
| **Mobilio** | Miwwelen |
| **Monete** | Mënten |
| **Prezzo** | Präis |
| **Qualità** | Qualitéit |
| **Restauro** | Restauratioun |
| **Scultura** | Skulptur |
| **Secolo** | Joerhonnert |
| **Stile** | Stil |
| **Valore** | Wärt |
| **Vecchio** | Al |

## Api
### Beien

| | |
|---|---|
| **Ali** | Wings |
| **Alveare** | Bienenkorb |
| **Benefico** | Benefiziell |
| **Cera** | Wachs |
| **Cibo** | Mat |
| **Diversità** | Diversitéit |
| **Ecosistema** | Ökosystem |
| **Fiori** | Blummen |
| **Fiorire** | Bléi |
| **Frutta** | Fruucht Giess |
| **Fumo** | Fauch |
| **Giardino** | Garden |
| **Insetto** | Insekt |
| **Miele** | Honig |
| **Piante** | Planzen |
| **Polline** | Pollen |
| **Regina** | Queen |
| **Sciame** | Schwarm |
| **Sole** | Sonn |

## Archeologia
### Archaologie

| | |
|---|---|
| **Analisi** | Analys |
| **Antichità** | Antiquität |
| **Civiltà** | Zivilisatioun |
| **Dimenticato** | Vergiess |
| **Discendente** | Nokommen |
| **Era** | Ära |
| **Esperto** | Expert |
| **Fossile** | Haaptsächlech |
| **Frammenti** | Fragment |
| **Mistero** | Mysterie |
| **Oggetti** | Gegenst |
| **Ossa** | Skelett |
| **Reliquia** | Relich |
| **Ricercatore** | Fuerscher |
| **Sconosciuto** | Onbekannt |
| **Squadra** | Team |
| **Tempio** | Tempel |
| **Tomba** | Graf |
| **Valutazione** | Evaluatioun |

## Astronomia
### Astronomie

| | |
|---|---|
| **Asteroide** | Asteroid |
| **Astronauta** | Astronaut |
| **Astronomo** | Astronom. |
| **Cielo** | Himmel |
| **Cosmo** | Kosmos |
| **Equinozio** | Equinox |
| **Galassia** | Galaxy |
| **Gravità** | Gravitéit |
| **Luna** | Mount |
| **Meteora** | Meteor |
| **Nebulosa** | Nebel |
| **Osservatorio** | Observatioun |
| **Pianeta** | Planet |
| **Radiazione** | Straling |
| **Razzo** | Rakéit |
| **Supernova** | Supernova |
| **Telescopio** | Teleskop |
| **Terra** | Äerd |
| **Universo** | Universum |
| **Zodiaco** | Tierkreis |

## Attività
### Aktivitéiten

| | |
|---|---|
| **Abilità** | Fäegkeet |
| **Arte** | Konscht |
| **Artigianato** | Handwierker |
| **Attività** | Aktivitéit |
| **Caccia** | Jacht |
| **Campeggio** | Campingsplaz |
| **Cucire** | Näh |
| **Escursioni** | Weieren |
| **Fotografia** | Fotografie |
| **Giardinaggio** | Garden |
| **Giochi** | Mvp |
| **Lettura** | Liesen |
| **Magia** | Magisch |
| **Pesca** | Schema |
| **Piacere** | Fleis |
| **Rilassamento** | Relaxatioun |
| **Tempo Libero** | Fréischt |

## Attività Commerciale
### Business

| | |
|---|---|
| **Bilancio** | Budget |
| **Carriera** | Carrière |
| **Costo** | Kost |
| **Datore di Lavoro** | Employeur |
| **Dipendente** | Ember |
| **Economia** | Ekonomik |
| **Fabbrica** | Fabriek |
| **Finanza** | Finanzen |
| **Investimento** | Investition |
| **Merce** | Wuer |
| **Negozio** | Geschäft |
| **Profitto** | Gewënn |
| **Reddito** | Akommes |
| **Sconto** | Rabatt |
| **Società** | Entreprise |
| **Soldi** | Sue |
| **Transazione** | Transaktion |
| **Ufficio** | Office |
| **Valuta** | Währung |
| **Vendita** | Verkaf |

## Attività e Tempo Libero
### Aktivitéiten a Fräizäit

| | |
|---|---|
| **Arte** | Konscht |
| **Baseball** | Baseball |
| **Basket** | Basket |
| **Boxe** | Box |
| **Calcio** | Fussbus |
| **Campeggio** | Campingsplaz |
| **Escursioni** | Weieren |
| **Giardinaggio** | Garden |
| **Golf** | Golfplatz |
| **Immersione** | Dauer |
| **Nuoto** | Schwammen |
| **Pallavolo** | Volleyball |
| **Pesca** | Schema |
| **Rilassante** | Relaxen |
| **Surf** | Surfen |
| **Tennis** | Tennisplatz |
| **Viaggio** | Rees |

## Avventura
### Aventures

| | |
|---|---|
| **Amici** | Frënn |
| **Attività** | Aktivitéit |
| **Bellezza** | Schoonheid |
| **Caso** | Chance |
| **Destinazione** | Zil |
| **Difficoltà** | Schwierigkeit |
| **Escursione** | Ausflug |
| **Gioia** | Freed |
| **Insolito** | Ongewéinlech |
| **Itinerario** | Schäffe |
| **Natura** | Natur |
| **Navigazione** | Lëtzebuerg |
| **Nuovo** | Nei |
| **Pericoloso** | Geffer |
| **Preparazione** | Virbereedung |
| **Sicurezza** | Safe |

## Bagno
### Buedzëmmer

| | |
|---|---|
| **Acqua** | Waasser |
| **Asciugamano** | Handduch |
| **Bagno** | Bad |
| **Bolle** | Bubbels |
| **Doccia** | Dousch |
| **Forbici** | Schere |
| **Gabinetto** | Wc |
| **Lozione** | Lotion |
| **Profumo** | Parfum |
| **Rubinetto** | Wasserhahn |
| **Sapone** | Seef |
| **Shampoo** | Shampoo |
| **Specchio** | Spiegel |
| **Spugna** | Schwamz |
| **Tappeto** | Spaweck |
| **Vapore** | Damp |

## Barbecue
### Barbecue

| | |
|---|---|
| **Caldo** | Waarm |
| **Cena** | Diner |
| **Cibo** | Mat |
| **Cipolle** | Ënner |
| **Coltelli** | Messer |
| **Estate** | Summer |
| **Fame** | Hunger |
| **Famiglia** | Famill |
| **Frutta** | Fruucht Giess |
| **Giochi** | Mvp |
| **Griglia** | Grill |
| **Insalate** | Salate |
| **Musica** | Musik |
| **Pepe** | Pfeffer |
| **Pollo** | Huhn |
| **Pomodori** | Tomate |
| **Pranzo** | Mëtteg |
| **Sale** | Salz |
| **Salsa** | Sous |
| **Verdure** | Geméis |

## Bellezza
### Schéinheet

| | |
|---|---|
| **Colore** | Farbig |
| **Cosmetici** | Kosmetik |
| **Elegante** | Elegant |
| **Eleganza** | Eleganz |
| **Fascino** | Charme |
| **Forbici** | Schere |
| **Fotogenico** | Fotogen |
| **Fragranza** | Duft |
| **Grazia** | Gnade |
| **Liscio** | Glat |
| **Mascara** | Wimperntusche |
| **Pelle** | Haut |
| **Riccioli** | Kurlen |
| **Rossetto** | Lippenstift |
| **Servizi** | Service |
| **Shampoo** | Shampoo |
| **Specchio** | Spiegel |
| **Stilista** | Stylist |

## Biologia
### Biologie

| | |
|---|---|
| **Anatomia** | Anatomie |
| **Batteri** | Bakterien |
| **Cellula** | Zell |
| **Collagene** | Kollagen |
| **Cromosoma** | Ofgetrennt |
| **Embrione** | Embryo |
| **Enzima** | Enzym |
| **Evoluzione** | Evolutioun |
| **Fotosintesi** | Fotosynthese |
| **Mammifero** | Déier |
| **Mutazione** | Mutatioun |
| **Naturale** | Naturell |
| **Nervo** | Nerv |
| **Neurone** | Nervenzelle |
| **Ormone** | Hormon |
| **Osmosi** | Osmos |
| **Proteina** | Protein |
| **Rettile** | Reptil |
| **Simbiosi** | Symbiose |
| **Sinapsi** | Synap |

## Boxe
### Boxen

| | |
|---|---|
| **Abilità** | Fäegkeet |
| **Angolo** | Eck |
| **Arbitro** | Arbitter |
| **Avversario** | Géigner |
| **Calcio** | Kick |
| **Campana** | Bell |
| **Combattente** | Kämpfer |
| **Corpo** | Kierper |
| **Esaurito** | Erschöpft |
| **Forza** | Kraft |
| **Fuoco** | Fokus |
| **Gomito** | Ielebou |
| **Guanti** | Handschuh |
| **Mento** | Kënn |
| **Pugno** | Fust |
| **Recupero** | Erhuelung |

## Campeggio
### Campingsplaz

| | |
|---|---|
| **Alberi** | Beem |
| **Amaca** | Hängematte |
| **Animali** | Déier |
| **Avventura** | Aventure |
| **Bussola** | Kompass |
| **Cabina** | Kabinn |
| **Caccia** | Jacht |
| **Canoa** | Kann |
| **Cappello** | Huet |
| **Corda** | Seel |
| **Divertimento** | Spass |
| **Foresta** | Wald |
| **Fuoco** | Fir |
| **Insetto** | Insekt |
| **Lago** | Séi |
| **Luna** | Mount |
| **Mappa** | Kaart |
| **Montagna** | Bierg |
| **Natura** | Natur |
| **Tenda** | Zelt |

## Campionato
### Meeschterschaft

| | |
|---|---|
| **Allenatore** | Trainer |
| **Campionato** | Championnat |
| **Campione** | Champion |
| **Finalista** | Regner |
| **Giochi** | Mvp |
| **Giudice** | Richter |
| **Lega** | Liga |
| **Medaglia** | Medail |
| **Motivazione** | Motivatioun |
| **Prestazione** | Leeschtung |
| **Sportivo** | Sport |
| **Squadra** | Team |
| **Strategia** | Strategie |
| **Sudore** | Schweiss |
| **Torneo** | Tournoi |
| **Vittoria** | Victoire |

## Casa
### Haus

| | |
|---|---|
| **Attico** | Dachboden |
| **Biblioteca** | Bibliotek |
| **Camera** | Summer |
| **Camino** | Kamin |
| **Cucina** | Kochnische |
| **Doccia** | Dousch |
| **Finestra** | Fënster |
| **Garage** | Garage |
| **Giardino** | Garden |
| **Lampada** | Lampe |
| **Parete** | Mauer |
| **Pavimento** | Stack |
| **Porta** | Dier |
| **Recinto** | Fenz |
| **Rubinetto** | Wasserhahn |
| **Scopa** | Besen |
| **Soffitto** | Decken |
| **Specchio** | Spiegel |
| **Tappeto** | Spaweck |
| **Tetto** | Dach |

## Chimica
### Chimie

| | |
|---|---|
| **Acido** | Saier |
| **Alcalino** | Alkalisch |
| **Atomico** | Atomic |
| **Calore** | Hëtzt |
| **Carbonio** | Kuelestoff |
| **Catalizzatore** | Katalysator |
| **Cloro** | Chlor |
| **Elettrone** | Elektron |
| **Enzima** | Enzym |
| **Gas** | Gass |
| **Idrogeno** | Waasserstoff |
| **Ione** | Ionen |
| **Liquido** | Flëscht |
| **Molecola** | Molekul |
| **Nucleare** | Nuklär |
| **Organico** | Organisch |
| **Ossigeno** | Sauerstoff |
| **Peso** | Gewicht |
| **Sale** | Salz |
| **Temperatura** | Temperatur |

## Cibo #1
### Iessen #1

| | |
|---|---|
| **Aglio** | Knuewelek |
| **Basilico** | Basilikum |
| **Cannella** | Zimt |
| **Carne** | Fleesch |
| **Carota** | Karrot |
| **Cipolla** | Ënner |
| **Fragola** | Äerdbier |
| **Insalata** | Salat |
| **Latte** | Mëllech |
| **Limone** | Zitrone |
| **Menta** | Minze |
| **Orzo** | Gerär |
| **Pera** | Birne |
| **Rapa** | Troppel |
| **Sale** | Salz |
| **Spinaci** | Spinat |
| **Succo** | Juss |
| **Tonno** | Tunn |
| **Torta** | Kachen |
| **Zucchero** | Zucker |

## Cibo #2
### Alimentatioun #2

| | |
|---|---|
| **Asparago** | Spargel |
| **Banana** | Banan |
| **Broccolo** | Brokkoli |
| **Ciliegia** | Kirsche |
| **Cioccolato** | Schockela |
| **Formaggio** | Käis |
| **Grano** | Weess |
| **Kiwi** | Kiwi |
| **Mela** | Apel |
| **Melanzana** | Eegplant |
| **Pane** | Brout |
| **Pesce** | Fisch |
| **Pollo** | Huhn |
| **Pomodoro** | Tomat |
| **Prosciutto** | Schinken |
| **Riso** | Reis |
| **Sedano** | Sellerie |
| **Uovo** | Eeg |
| **Uva** | Drauf |
| **Yogurt** | Yoghurt |

## Città
### Stad

| | |
|---|---|
| **Aeroporto** | Fluchhafen |
| **Banca** | Bank |
| **Biblioteca** | Bibliotek |
| **Cinema** | Kino |
| **Clinica** | Klinik |
| **Farmacia** | Apdikt |
| **Fiorista** | Florist |
| **Galleria** | Galerie |
| **Hotel** | Hotel |
| **Libreria** | Bookshop |
| **Mercato** | Maart |
| **Museo** | Museum |
| **Negozio** | Späicheren |
| **Panetteria** | Bäckerei |
| **Scuola** | Schoul |
| **Stadio** | Stadion |
| **Supermercato** | Supermarkt |
| **Teatro** | Theater |
| **Università** | Universitéit |
| **Zoo** | Zoo |

## Corpo Umano
### Mënschleche Kierper

| | |
|---|---|
| **Bocca** | Mond |
| **Caviglia** | Ankeel |
| **Cervello** | Gehier |
| **Collo** | Hals |
| **Cuore** | Härz |
| **Dito** | Fanger |
| **Faccia** | Gesicht |
| **Gamba** | Bee |
| **Ginocchio** | Knie |
| **Gomito** | Ielebou |
| **Mano** | Hand |
| **Mento** | Kënn |
| **Naso** | Neus |
| **Occhio** | A |
| **Orecchio** | Ouer |
| **Pelle** | Haut |
| **Sangue** | Blut |
| **Spalla** | Scholler |
| **Stomaco** | Mo |
| **Testa** | Kapp |

## Creatività
### Kreativitéit

| | |
|---|---|
| **Abilità** | Fäegkeet |
| **Artistico** | Artistik |
| **Autenticità** | Autentizitéit |
| **Chiarezza** | Klaritéit |
| **Drammatico** | Dramatisch |
| **Emozioni** | Emotionen |
| **Espressione** | Ausdrock |
| **Idee** | Ideen |
| **Immaginazione** | Phantasie |
| **Immagine** | Bild |
| **Intensità** | Intensitéit |
| **Intuizione** | Intuition |
| **Inventivo** | Inventiv |
| **Ispirazione** | Inspiratioun |
| **Sensazione** | Sensatioun |
| **Spontaneo** | Spontan |
| **Visioni** | Visioun |
| **Vitalità** | Vitalität |

## Cucina
### Kochnische

| | |
|---|---|
| **Bacchette** | Stäbchen |
| **Bollitore** | Kettel |
| **Brocca** | Krou |
| **Cibo** | Mat |
| **Ciotola** | Schoul |
| **Coltelli** | Messer |
| **Congelatore** | Friezer |
| **Cucchiai** | Lëschen |
| **Forchette** | Fork |
| **Forno** | Backofen |
| **Frigorifero** | Frigoen |
| **Grembiule** | Schort |
| **Griglia** | Grill |
| **Ricetta** | Rescht |
| **Spezie** | Rzen |
| **Spugna** | Schwamz |
| **Tazze** | Cup |
| **Tovagliolo** | Service |

## Danza
### Tanz

|  |  |
|---|---|
| Accademia | Academie |
| Arte | Konscht |
| Classico | Klassisch |
| Compagno | Partner |
| Coreografia | Choreographie |
| Corpo | Kierper |
| Cultura | Kultur |
| Culturale | Kulturell |
| Emozione | Emotion |
| Espressivo | Kräische |
| Gioioso | Frëscht |
| Grazia | Gnade |
| Movimento | Bewegung |
| Musica | Musik |
| Ritmo | Rhythmus |
| Tradizionale | Traditionell |
| Visivo | Visuell |

## Diplomazia
### Diplomatie

|  |  |
|---|---|
| Ambasciata | Ambassy |
| Ambasciatore | Ambassadeur |
| Cittadini | Bierger |
| Comunità | Gemeng |
| Conflitto | Konflikt |
| Consigliere | Conseiller |
| Cooperazione | Kooperatioun |
| Diplomatico | Diplomatisch |
| Discussione | Diskussioun |
| Etica | Ethik |
| Giustizia | Gerechtegkeet |
| Governo | Regering |
| Integrità | Integritéit |
| Lingue | Sprooch |
| Politica | Politik |
| Risoluzione | Opléisung |
| Sicurezza | Sécherheet |
| Soluzione | Lëscht |
| Trattato | Tratéi |
| Umanitario | Dokument |

## Discipline Scientifiche
### Wissenschaftsdisziplinen

|  |  |
|---|---|
| Anatomia | Anatomie |
| Archeologia | Archeologie |
| Astronomia | Astronomie |
| Biochimica | Biochemie |
| Biologia | Biologie |
| Botanica | Botanie |
| Chimica | Chemie |
| Ecologia | Ökologie |
| Fisiologia | Physiologie |
| Geologia | Geologie |
| Immunologia | Immunologie |
| Linguistica | Linguistik |
| Meccanica | Mechanik |
| Meteorologia | Meteorologie |
| Mineralogia | Mineralogie |
| Neurologia | Neurologie |
| Psicologia | Psychologie |
| Sociologia | Sociologie |
| Termodinamica | Thermodynamik |
| Zoologia | Zoologie |

## Edifici
### Gebaier

|  |  |
|---|---|
| Ambasciata | Ambassy |
| Appartamento | Appartement |
| Cabina | Kabinn |
| Castello | Schlos |
| Cinema | Kino |
| Fabbrica | Fabriek |
| Fienile | Scheune |
| Hotel | Hotel |
| Laboratorio | Laboratoire |
| Museo | Museum |
| Ospedale | Spidol |
| Osservatorio | Observatioun |
| Ostello | Hostel |
| Scuola | Schoul |
| Stadio | Stadion |
| Supermercato | Supermarkt |
| Teatro | Theater |
| Tenda | Zelt |
| Torre | Turm |
| Università | Universitéit |

## Energia
### Energie

|  |  |
|---|---|
| Ambiente | Ëmwelt |
| Batteria | Batterie |
| Benzina | Benzin |
| Calore | Hëtzt |
| Carbonio | Kuelestoff |
| Carburante | Brennstoff |
| Diesel | Dieselöl |
| Elettrico | Elektrisch |
| Elettrone | Elektron |
| Entropia | Entropie |
| Fotone | Foton |
| Idrogeno | Waasserstoff |
| Industria | Industrie |
| Inquinamento | Verschmutzung |
| Motore | Motor |
| Nucleare | Nuklär |
| Rinnovabile | Erneuerbar |
| Turbina | Turbin |
| Vapore | Damp |
| Vento | Wand |

## Erboristeria
### Herbalismus

|  |  |
|---|---|
| Aglio | Knuewelek |
| Aneto | Dill |
| Aromatico | Aromatisk |
| Basilico | Basilikum |
| Culinario | Kulinary |
| Dragoncello | Estragon |
| Finocchio | Fenchelsamen |
| Fiore | Bloem |
| Giardino | Garden |
| Ingrediente | Um |
| Lavanda | Lavendel |
| Maggiorana | Majoran |
| Menta | Minze |
| Origano | Oregano |
| Prezzemolo | Petersilie |
| Qualità | Qualitéit |
| Rosmarino | Rosmarin |
| Timo | Thimei |
| Verde | Gréng |
| Zafferano | Safiental |

## Escursionismo
### Wanderen

| | |
|---|---|
| **Acqua** | Waasser |
| **Animali** | Déier |
| **Campeggio** | Campingsplaz |
| **Clima** | Klima |
| **Mappa** | Kaart |
| **Montagna** | Bierg |
| **Natura** | Natur |
| **Orientamento** | Orientatioun |
| **Parchi** | Parken |
| **Pesante** | Schwéier |
| **Pietre** | Stein |
| **Preparazione** | Virbereedung |
| **Scogliera** | Klipp |
| **Selvaggio** | Wëllt |
| **Sole** | Sonn |
| **Stanco** | Midd |
| **Stivali** | Stiwwele |
| **Vertice** | Spëtzt |

## Etica
### Ethik

| | |
|---|---|
| **Altruismo** | Altruismus |
| **Compassione** | Mitgefühl |
| **Cooperazione** | Kooperatioun |
| **Dignità** | Géif |
| **Diplomatico** | Diplomatisch |
| **Filosofia** | Philosophie |
| **Gentilezza** | Gëtt |
| **Integrità** | Integritéit |
| **Onestà** | Sprooch |
| **Ottimismo** | Optimismus |
| **Pazienza** | Gedold |
| **Ragionevole** | Rasonable |
| **Razionalità** | Rationalität |
| **Realismo** | Realisme |
| **Saggezza** | Weischt |
| **Tolleranza** | Toleranz |
| **Umanità** | Mënscht |

## Famiglia
### Famill

| | |
|---|---|
| **Antenato** | Virfahre |
| **Bambini** | Kanner |
| **Bambino** | Kand |
| **Cugino** | Koseng |
| **Figlia** | Duechter |
| **Fratello** | Brudder |
| **Infanzia** | Kandheet |
| **Madre** | Mamm |
| **Marito** | Mann |
| **Materno** | Mütterlich |
| **Moglie** | Fra |
| **Nipote** | Neveu |
| **Nipote** | Enkel |
| **Nonna** | Bomi |
| **Nonno** | Grousspapp |
| **Padre** | Papp |
| **Paterno** | Väterlich |
| **Sorella** | Schwëster |
| **Zia** | Tant |
| **Zio** | Onkel |

## Fantascienza
### Science Fiktioun

| | |
|---|---|
| **Atomico** | Atomic |
| **Cinema** | Kino |
| **Distopia** | Dystopie |
| **Esplosione** | Explosioun |
| **Estremo** | Extrem |
| **Fantastico** | Fantastisk |
| **Fuoco** | Fir |
| **Futuristico** | Futuristisch |
| **Galassia** | Galaxy |
| **Illusione** | Illusioun |
| **Immaginario** | Imaginär |
| **Libri** | Chern |
| **Misterioso** | Geheimnisvoll |
| **Mondo** | Welt |
| **Oracolo** | Orakel |
| **Pianeta** | Planet |
| **Robot** | Roboter |
| **Tecnologia** | Technologie |
| **Utopia** | Utopie |

## Fattoria #1
### Bauerenhaff #1

| | |
|---|---|
| **Acqua** | Waasser |
| **Agricoltura** | Landbruik |
| **Ape** | Biene |
| **Asino** | Esel |
| **Campo** | Feld |
| **Cane** | Hond |
| **Capra** | Geess |
| **Cavallo** | Päerd |
| **Fertilizzante** | Dünger |
| **Fieno** | Hei |
| **Gatto** | Kaz |
| **Gregge** | Herde |
| **Maiale** | Schwäin |
| **Miele** | Honig |
| **Mucca** | Kuh |
| **Pollo** | Huhn |
| **Recinto** | Fenz |
| **Riso** | Reis |
| **Semi** | Seeds |
| **Vitello** | Kalf |

## Fattoria #2
### Bauerenhaff #2

| | |
|---|---|
| **Agnello** | Lamm |
| **Agricoltore** | Bauer |
| **Anatra** | Ente |
| **Animali** | Déier |
| **Cibo** | Mat |
| **Fienile** | Scheune |
| **Frutta** | Fruucht Giess |
| **Frutteto** | Orchard |
| **Grano** | Weess |
| **Irrigazione** | Irrigatioun |
| **Lama** | Lama |
| **Latte** | Mëllech |
| **Mais** | Mais |
| **Orzo** | Gerär |
| **Pecora** | Schaf |
| **Prato** | Wiese |
| **Trattore** | Traktor |
| **Verdura** | Geméis |

## Fiori
### Blummen

| | |
|---|---|
| **Dente di Leone** | Wenzahn |
| **Gardenia** | Gardenie |
| **Gelsomino** | Jasmin |
| **Giglio** | Lilie |
| **Girasole** | Sonneblem |
| **Ibisco** | Hibiskus |
| **Lavanda** | Lavendel |
| **Lilla** | Violette |
| **Magnolia** | Magnolie |
| **Margherita** | Daisy |
| **Mazzo** | Blumenstrauss |
| **Orchidea** | Orchidee |
| **Papavero** | Mohn |
| **Peonia** | Pfingstrose |
| **Trifoglio** | Klee |
| **Tulipano** | Tulip |

## Fisica
### Physik

| | |
|---|---|
| **Accelerazione** | Zwee |
| **Atomo** | Atom |
| **Caos** | Chaos |
| **Chimico** | Chemesch |
| **Densità** | Dicht |
| **Elettrone** | Elektron |
| **Espansione** | Expansioun |
| **Formula** | Formel |
| **Frequenza** | Frequenz |
| **Gas** | Gass |
| **Gravità** | Gravitéit |
| **Magnetismo** | Magnetisme |
| **Meccanica** | Mechanik |
| **Molecola** | Molekul |
| **Motore** | Motor |
| **Nucleare** | Nuklär |
| **Particella** | Partikel |
| **Relatività** | Relativitéit |
| **Universale** | Universell |
| **Velocità** | Vitesse |

## Foresta Pluviale
### Regenwald

| | |
|---|---|
| **Anfibi** | Amphibie |
| **Botanico** | Zäre |
| **Clima** | Klima |
| **Comunità** | Gemeng |
| **Diversità** | Diversitéit |
| **Insetti** | Insekten |
| **Mammiferi** | Ugetieren |
| **Muschio** | Moos |
| **Natura** | Natur |
| **Nuvole** | Wolken |
| **Preservazione** | Referenzen |
| **Prezioso** | Wëscht |
| **Restauro** | Restauratioun |
| **Rifugio** | Zuflucht |
| **Rispetto** | Respekt |
| **Sopravvivenza** | Iwwerliewe |
| **Uccelli** | Vuel |

## Forme
### Formen

| | |
|---|---|
| **Angolo** | Eck |
| **Arco** | Arc |
| **Bordi** | Kante |
| **Cerchio** | Krees |
| **Cilindro** | Zylinder |
| **Cono** | Kegel |
| **Cubo** | Megaminx |
| **Curva** | Kurv |
| **Ellisse** | Ellips |
| **Iperbole** | Hyperbel |
| **Lato** | Säit |
| **Linea** | Linn |
| **Ovale** | Oval |
| **Poligono** | Polygon |
| **Prisma** | Prisma |
| **Rettangolo** | Rechteck |
| **Triangolo** | Drieekel |

## Forniture Artistiche
### Konscht Ëmgeréits

| | |
|---|---|
| **Acqua** | Waasser |
| **Acquerelli** | Wasserfarbe |
| **Acrilico** | Acryl |
| **Argilla** | Niewefléss |
| **Carta** | Papier |
| **Cavalletto** | Staffelei |
| **Colla** | Leim |
| **Creatività** | Kreativitéit |
| **Gomma** | Radiergummi |
| **Idee** | Ideen |
| **Inchiostro** | Tinte |
| **Matite** | Bleistifte |
| **Olio** | Ueleg |
| **Sedia** | HI |
| **Spazzole** | Bëscht |
| **Tavolo** | Tabel |
| **Telecamera** | Kamera |

## Forza e Gravità
### Kraaft a Schwéierkraaft

| | |
|---|---|
| **Asse** | Achs |
| **Centro** | Centre |
| **Dinamico** | Dynamisch |
| **Distanza** | Distanz |
| **Espansione** | Expansioun |
| **Fisica** | Physik |
| **Magnetismo** | Magnetisme |
| **Meccanica** | Mechanik |
| **Orbita** | Orbit |
| **Peso** | Gewicht |
| **Pressione** | Drock |
| **Proprietà** | Eegeschaft |
| **Scoperta** | Entdeckung |
| **Tempo** | Zeit |
| **Universale** | Universell |
| **Velocità** | Vitesse |

## Frutta
### Fruucht Giess

| | |
|---|---|
| Albicocca | Aprikose |
| Ananas | Anans |
| Arancia | Orange |
| Avocado | Avocado |
| Bacca | Berry |
| Banana | Banan |
| Ciliegia | Kirsche |
| Kiwi | Kiwi |
| Lampone | Hambier |
| Limone | Zitrone |
| Mango | Mango |
| Mela | Apel |
| Melone | Meloun |
| Mora | Blackberry |
| Nettarina | Nektarin |
| Papaia | Papaya |
| Pera | Birne |
| Pesca | Piisch |
| Prugna | Pflaume |
| Uva | Drauf |

## Geografia
### Geographie

| | |
|---|---|
| Altitudine | Höcht |
| Atlante | Atlas |
| Città | Stad |
| Continente | Kontinent |
| Emisfero | Hemisphär |
| Fiume | Flos |
| Isola | Insel |
| Latitudine | Breedegrad |
| Longitudine | Längt |
| Mappa | Kaart |
| Mare | Mier |
| Meridiano | Meridian |
| Mondo | Welt |
| Montagna | Bierg |
| Nord | Norden |
| Ovest | Westen |
| Paese | Land |
| Regione | Regioun |
| Sud | Süden |
| Territorio | Territoire |

## Geologia
### Geologie

| | |
|---|---|
| Acido | Saier |
| Altopiano | Plateau |
| Calcio | Kalcium |
| Caverna | Hiel |
| Continente | Kontinent |
| Corallo | Korallen |
| Cristalli | Kristallen |
| Erosione | Erosioun |
| Fossile | Haaptsächlech |
| Geyser | Geiser |
| Lava | Lava |
| Minerali | Mineral |
| Pietra | Stein |
| Quarzo | Quarz |
| Sale | Salz |
| Stalagmiti | Stalagmiten |
| Stalattite | Stalaktit |
| Strato | Plang |
| Terremoto | Äerdbiewen |
| Vulcano | Vulkan |

## Geometria
### Geometrie

| | |
|---|---|
| Altezza | Héicht |
| Angolo | Engel |
| Calcolo | Berechning |
| Cerchio | Krees |
| Curva | Kurv |
| Diametro | Duerchmiesser |
| Dimensione | Dimensioun |
| Equazione | Equatioun |
| Logica | Logik |
| Mediano | Mediane |
| Numero | Zuel |
| Orizzontale | Horizontal |
| Parallelo | Parallel |
| Proporzione | Undeel |
| Segmento | Segment |
| Simmetria | Symmetrie |
| Superficie | Uewerfläch |
| Teoria | Theorie |
| Triangolo | Drieekel |
| Verticale | Vertikal |

## Giardinaggio
### Gaardenaarbecht

| | |
|---|---|
| Acqua | Waasser |
| Botanico | Zäre |
| Clima | Klima |
| Commestibile | Essbar |
| Compost | Kompost |
| Contenitore | Container |
| Esotico | Exotisk |
| Fiorire | Bléi |
| Foglia | Blat |
| Fogliame | Blëtt |
| Frutteto | Orchard |
| Mazzo | Blumenstrauss |
| Semi | Seeds |
| Sporco | Schmutz |
| Stagionale | Saisonal |
| Tubo | Schauch |
| Umidità | Fiichtegkeet |

## Giardino
### Gaart

| | |
|---|---|
| Albero | Bam |
| Amaca | Hängematte |
| Cespuglio | Busch |
| Erba | Gras |
| Erbacce | Weider |
| Fiore | Bloem |
| Garage | Garage |
| Giardino | Garden |
| Pala | Schoul |
| Panca | Beng |
| Rastrello | Rake |
| Recinto | Fenz |
| Stagno | Teich |
| Terrazza | Terrass |
| Trampolino | Trampolin |
| Tubo | Schauch |

## Giorni e Mesi
### Deeg a Méint

| | |
|---|---|
| **Agosto** | August |
| **Anno** | Joer |
| **Aprile** | Abrëll |
| **Calendario** | Kalender |
| **Dicembre** | Dezember |
| **Domenica** | Sonnde |
| **Febbraio** | Februar |
| **Gennaio** | Januar |
| **Giugno** | Juni |
| **Luglio** | Juli |
| **Lunedì** | Méindeg |
| **Martedì** | Dënschdeg |
| **Mercoledì** | Mëttwoch |
| **Mese** | Mount |
| **Novembre** | November |
| **Ottobre** | Oktober |
| **Sabato** | Samschdeg |
| **Settembre** | September |
| **Settimana** | Woch |
| **Venerdì** | Freideg |

## Governo
### Regierung

| | |
|---|---|
| **Capo** | Leider |
| **Cittadinanza** | Biergerschäft |
| **Civile** | Zivil |
| **Costituzione** | Verfassung |
| **Democrazia** | Demokratie |
| **Diritti** | Rechter |
| **Discorso** | Ried |
| **Discussione** | Diskussioun |
| **Giudiziario** | Gerichtlich |
| **Giustizia** | Gerechtegkeet |
| **Legge** | Gesetz |
| **Libertà** | Liberty |
| **Monumento** | Monument |
| **Nazione** | Nation |
| **Politica** | Politik |
| **Simbolo** | Symbol |
| **Stato** | Stat |
| **Uguaglianza** | Gläichheet |

## Guida
### Bobet

| | |
|---|---|
| **Auto** | Auto |
| **Autobus** | Bus |
| **Carburante** | Brennstoff |
| **Freni** | Bremsen |
| **Garage** | Garage |
| **Gas** | Gass |
| **Incidente** | Accident |
| **Licenza** | Lizens |
| **Mappa** | Kaart |
| **Moto** | Motorrad |
| **Motore** | Motor |
| **Pedonale** | Foussgänger |
| **Pericolo** | Gefor |
| **Polizia** | Police |
| **Sicurezza** | Safe |
| **Strada** | Road |
| **Traffico** | Trafik |
| **Trasporto** | Transport |
| **Tunnel** | Tunnel |
| **Velocità** | Vitesse |

## Imbarcazioni
### Schëffer

| | |
|---|---|
| **Albero** | Mast |
| **Ancora** | Anker |
| **Barca a Vela** | Segelboot |
| **Boa** | Buet |
| **Canoa** | Kann |
| **Corda** | Seel |
| **Equipaggio** | Crew |
| **Fiume** | Flos |
| **Kayak** | Kayak |
| **Lago** | Séi |
| **Mare** | Mier |
| **Marea** | Flut |
| **Marinaio** | Militant |
| **Motore** | Motor |
| **Nautico** | Nautisch |
| **Oceano** | Ozean |
| **Onde** | Wellen |
| **Traghetto** | Bevëlkerung |
| **Yacht** | Yacht |
| **Zattera** | Dee |

## Ingegneria
### Engineering

| | |
|---|---|
| **Angolo** | Engel |
| **Asse** | Achs |
| **Calcolo** | Berechning |
| **Costruzione** | Bau |
| **Diagramma** | Diagramm |
| **Diametro** | Duerchmiesser |
| **Diesel** | Dieselöl |
| **Distribuzione** | Verdeelung |
| **Energia** | Energie |
| **Forza** | Kraft |
| **Leve** | Hiewele |
| **Liquido** | Flëscht |
| **Macchina** | Maschin |
| **Misurazione** | Miessung |
| **Motore** | Motor |
| **Profondità** | Déift |
| **Propulsione** | Undriff |
| **Stabilità** | Stabilitéit |
| **Struttura** | Struktur |

## Insetti
### Insekten

| | |
|---|---|
| **Afide** | Blattlaus |
| **Ape** | Biene |
| **Cavalletta** | Heuschrecke |
| **Cicala** | Zikade |
| **Coccinella** | Déischlecht |
| **Coleottero** | Käfer |
| **Falena** | Päiperleks |
| **Farfalla** | Päiperlek |
| **Formica** | Ameise |
| **Larva** | Larve |
| **Libellula** | Libelle |
| **Mantide** | Mantis |
| **Pulce** | Flau |
| **Scarafaggio** | Kakerlake |
| **Termite** | Termite |
| **Verme** | Wurm |
| **Vespa** | Wespe |
| **Zanzara** | Mücke |

## Jazz
### Jazz

| | |
|---|---|
| **Album** | Album |
| **Artista** | Kënschtler |
| **Batteria** | Drum |
| **Canzone** | Lidd |
| **Compositore** | Komponist. |
| **Concerto** | Concert |
| **Enfasi** | Beton |
| **Famoso** | Berumt |
| **Musica** | Musik |
| **Nuovo** | Nei |
| **Orchestra** | Orchester |
| **Preferiti** | Favoriten |
| **Ritmo** | Rhythmus |
| **Stile** | Stil |
| **Talento** | Talent |
| **Tecnica** | Teknikk |
| **Vecchio** | Al |

## Letteratura
### Literatur

| | |
|---|---|
| **Analisi** | Analys |
| **Analogia** | Analogie |
| **Aneddoto** | Anekdot |
| **Autore** | Auteur |
| **Biografia** | Biographie |
| **Conclusione** | Fazit |
| **Confronto** | Verglech |
| **Descrizione** | Beschreiwung |
| **Dialogo** | Dialog |
| **Finzione** | Fiktion |
| **Metafora** | Metapher |
| **Opinione** | Mening |
| **Poesia** | Gedich |
| **Poetico** | Poetisk |
| **Rima** | Reim |
| **Ritmo** | Rhythmus |
| **Romanzo** | Roman |
| **Stile** | Stil |
| **Tema** | Thema |
| **Tragedia** | Tragedie |

## Libri
### Bicher

| | |
|---|---|
| **Autore** | Auteur |
| **Avventura** | Aventure |
| **Collezione** | Sammel |
| **Contesto** | Kontext |
| **Dualità** | Dualität |
| **Epico** | Episch |
| **Inventivo** | Inventiv |
| **Letterario** | Literaire |
| **Lettore** | Lieser |
| **Narratore** | Erzieler |
| **Pagina** | Säit |
| **Poesia** | Gedich |
| **Rilevante** | Relevant |
| **Romanzo** | Roman |
| **Scritto** | Opschreiwen |
| **Serie** | Serie |
| **Storia** | Geschicht |
| **Storico** | Historisk |
| **Tragico** | Tragisch |
| **Umoristico** | Humorvoll |

## Malattia
### Krankheet

| | |
|---|---|
| **Addominale** | Bauch |
| **Allergie** | Allergien |
| **Batterico** | Bakterial |
| **Contagioso** | Ustiechend |
| **Corpo** | Kierper |
| **Cronico** | Chronesch |
| **Cuore** | Härz |
| **Debole** | Schwacht |
| **Ereditario** | Verierwen |
| **Genetico** | Genetisch |
| **Immunità** | Immunitéit |
| **Infiammazione** | Entzündung |
| **Neuropatia** | Neuropathie |
| **Ossa** | Skelett |
| **Respiratorio** | Atemwege |
| **Salute** | Gesondheet |
| **Sindrome** | Syndrom |
| **Terapia** | Therapie |

## Mammiferi
### Mamendéieren

| | |
|---|---|
| **Balena** | Wal |
| **Cane** | Hond |
| **Canguro** | Känguru |
| **Cavallo** | Päerd |
| **Cervo** | Deier |
| **Coniglio** | Huet |
| **Coyote** | Kojote |
| **Delfino** | Delphin |
| **Elefante** | Elefant |
| **Gatto** | Kaz |
| **Giraffa** | Giraff |
| **Gorilla** | Gorilla |
| **Leone** | Louw |
| **Lupo** | Wolf |
| **Orso** | Gebären |
| **Pecora** | Schaf |
| **Scimmia** | Af |
| **Toro** | Bull |
| **Volpe** | Fuchs |
| **Zebra** | Zebra |

## Meditazione
### Meditatioun

| | |
|---|---|
| **Accettazione** | Unhuele |
| **Calma** | Roueg |
| **Chiarezza** | Klaritéit |
| **Compassione** | Mitgefühl |
| **Emozioni** | Emotionen |
| **Gentilezza** | Gëtt |
| **Gratitudine** | Dankbarkeit |
| **Insegnamenti** | Léier |
| **Mentale** | Geistig |
| **Mente** | Geescht |
| **Movimento** | Bewegung |
| **Musica** | Musik |
| **Natura** | Natur |
| **Pace** | Fridde |
| **Prospettiva** | Perspektiv |
| **Respirazione** | Omtem |
| **Silenzio** | Stille |
| **Sveglio** | Wakkert |

## Meteo
### Wieder

| | |
|---|---|
| **Arcobaleno** | Reebou |
| **Asciutto** | Drëcht |
| **Atmosfera** | Atmosfär |
| **Brezza** | Brise |
| **Cielo** | Himmel |
| **Clima** | Klima |
| **Fulmine** | Blëtt |
| **Ghiaccio** | Äis |
| **Monsone** | Monsun |
| **Nebbia** | Niwwel |
| **Nube** | Wolken |
| **Polare** | Polar |
| **Siccità** | Dürre |
| **Temperatura** | Temperatur |
| **Tempesta** | Sturm |
| **Tornado** | Tornado |
| **Tropicale** | Tropisk |
| **Tuono** | Donner |
| **Uragano** | Hurrican |
| **Vento** | Wand |

## Misurazioni
### Miessunge

| | |
|---|---|
| **Altezza** | Héicht |
| **Byte** | Byte |
| **Centimetro** | Zentimeter |
| **Chilogrammo** | Kilogramm |
| **Chilometro** | Kilometer |
| **Decimale** | Dezimal |
| **Grado** | Grad |
| **Grammo** | Gramm |
| **Larghezza** | Breet |
| **Litro** | Liter |
| **Lunghezza** | Längt |
| **Massa** | Mass |
| **Metro** | M |
| **Minuto** | Minutt |
| **Oncia** | Onz |
| **Peso** | Gewicht |
| **Pollice** | Zoll |
| **Profondità** | Déift |
| **Tonnellata** | Tonn |

## Mitologia
### Mythologie

| | |
|---|---|
| **Archetipo** | Archetyp |
| **Comportamento** | Verhale |
| **Creatura** | Kreatur |
| **Creazione** | Schafung |
| **Credenze** | Berzeugungen |
| **Cultura** | Kultur |
| **Disastro** | Katastroph |
| **Eroe** | Held |
| **Forza** | Kraft |
| **Fulmine** | Blëtt |
| **Gelosia** | Jalousie |
| **Guerriero** | Krieger |
| **Labirinto** | Labyrint |
| **Leggenda** | Seeche |
| **Mortale** | Spaweck |
| **Mostro** | Monster |
| **Paradiso** | Himmel |
| **Tuono** | Donner |
| **Vendetta** | Rache |

## Musica
### Musek

| | |
|---|---|
| **Album** | Album |
| **Armonia** | Harmonie |
| **Armonico** | Harmonik |
| **Ballata** | Ballade |
| **Cantante** | Senger |
| **Cantare** | Seng |
| **Classico** | Klassisch |
| **Coro** | Chouer |
| **Lirico** | Lyrisch |
| **Melodia** | Melodie |
| **Microfono** | Stecker |
| **Musicale** | Musikal |
| **Musicista** | Musiker |
| **Opera** | Opera |
| **Poetico** | Poetisk |
| **Registrazione** | Foto |
| **Ritmico** | Rhythmisch |
| **Ritmo** | Rhythmus |
| **Strumento** | Instrument |
| **Vocale** | Vokal |

## Natura
### Natur

| | |
|---|---|
| **Animali** | Déier |
| **Api** | Beien |
| **Artico** | Arktis |
| **Bellezza** | Schoonheid |
| **Deserto** | Ste |
| **Dinamico** | Dynamisch |
| **Erosione** | Erosioun |
| **Fiume** | Flos |
| **Fogliame** | Blëtt |
| **Foresta** | Wald |
| **Ghiacciaio** | Glazier |
| **Nebbia** | Niwwel |
| **Nuvole** | Wolken |
| **Santuario** | Hellegtum |
| **Selvaggio** | Wëllt |
| **Sereno** | Heiter |
| **Tropicale** | Tropisk |
| **Vitale** | Entscheedend |

## Numeri
### Zuelen

| | |
|---|---|
| **Cinque** | Fënnef |
| **Decimale** | Dezimal |
| **Diciannove** | Nonzéng |
| **Diciassette** | Siebzehn |
| **Diciotto** | Uechtzéng |
| **Dieci** | Zéng |
| **Dodici** | Zwielef |
| **Due** | Zwee |
| **Nove** | Néng |
| **Otto** | Aacht |
| **Quattordici** | Véierzéng |
| **Quattro** | Vier |
| **Quindici** | Fofzéng |
| **Sedici** | Sechzehn |
| **Sei** | Sechs |
| **Sette** | Sewen |
| **Tre** | Dräi |
| **Tredici** | Dräizéng |
| **Venti** | Zwanzeg |
| **Zero** | Null |

## Nutrizione
### Ernierung

| | |
|---|---|
| Amaro | Jeremy |
| Appetito | Appetit |
| Bilanciato | Ausgewoge |
| Calorie | Kalorien |
| Carboidrati | Kolhydrate |
| Commestibile | Essbar |
| Dieta | Diét |
| Digestione | Verdauung |
| Fermentazione | Gärung |
| Liquidi | Ssigkeiten |
| Nutriente | Nährstoff |
| Peso | Gewicht |
| Proteine | Protein |
| Qualità | Qualitéit |
| Salsa | Sous |
| Salute | Gesondheet |
| Sano | Gesond |
| Spezie | Rzen |
| Tossina | Toxin |
| Vitamina | Vitamin |

## Oceano
### Ozean

| | |
|---|---|
| Anguilla | Aal |
| Balena | Wal |
| Barca | Boot |
| Corallo | Korallen |
| Delfino | Delphin |
| Gamberetto | Garnele |
| Granchio | Krabbe |
| Maree | Gezäiten |
| Medusa | Qualle |
| Onde | Wellen |
| Ostrica | Auster |
| Pesce | Fisch |
| Polpo | Krake |
| Sale | Salz |
| Scogliera | Riff |
| Spugna | Schwamz |
| Squalo | Hai |
| Tartaruga | Deckelsmouk |
| Tempesta | Sturm |
| Tonno | Tunn |

## Paesaggi
### Landschaften

| | |
|---|---|
| Cascata | Waasserfall |
| Collina | Hill |
| Deserto | Ste |
| Fiume | Flos |
| Geyser | Geiser |
| Ghiacciaio | Glazier |
| Grotta | Hiel |
| Iceberg | Robin |
| Isola | Insel |
| Lago | Séi |
| Mare | Mier |
| Montagna | Bierg |
| Oasi | Oas |
| Oceano | Ozean |
| Palude | Sumpf |
| Penisola | Hallinnel |
| Spiaggia | Strand |
| Tundra | Tundra |
| Valle | Dall |
| Vulcano | Vulkan |

## Paesi #1
### Länner #1

| | |
|---|---|
| Brasile | Brasilien |
| Cambogia | Kambodscha |
| Canada | Kanada |
| Egitto | Ägypten |
| Finlandia | Finnland |
| Germania | Däitschland |
| India | Indien |
| Iraq | Irak |
| Israele | Israel |
| Libia | Libyen |
| Mali | Mali |
| Marocco | Marokko |
| Norvegia | Norwegen |
| Panama | Panama |
| Polonia | Polen |
| Romania | Rumänien |
| Senegal | Senegal |
| Spagna | Spuenien |
| Venezuela | Venezuela |
| Vietnam | Vietnam |

## Paesi #2
### Länner, #2

| | |
|---|---|
| Albania | Albanien |
| Danimarca | Nemark |
| Etiopia | Äthiopien |
| Giamaica | Jamaika |
| Giappone | Japan |
| Grecia | Griicheland |
| Haiti | Haïti |
| Indonesia | Ageloggt |
| Irlanda | Irland |
| Laos | Laos |
| Messico | Mexiko |
| Nepal | Nepal |
| Nigeria | Nigeria |
| Pakistan | Pakistan |
| Russia | Russland |
| Siria | Syrien |
| Somalia | Somalia |
| Sudan | Sudan |
| Ucraina | Ukrain |
| Uganda | Ugana |

## Piante
### Planzen

| | |
|---|---|
| Albero | Bam |
| Bacca | Berry |
| Bambù | Bambu |
| Botanica | Botanie |
| Cactus | Kaktus |
| Cespuglio | Busch |
| Crescere | Wuesse |
| Edera | Efeu |
| Erba | Gras |
| Fagiolo | Banen |
| Fertilizzante | Dünger |
| Fiore | Bloem |
| Flora | Flora |
| Foglia | Blat |
| Fogliame | Blätt |
| Foresta | Wald |
| Giardino | Garden |
| Muschio | Moos |
| Radice | Root |
| Vegetazione | Vegetatioun |

## Professioni #1
### Beruffer #1

| | |
|---|---|
| **Allenatore** | Trainer |
| **Ambasciatore** | Ambassadeur |
| **Artista** | Kënschtler |
| **Astronomo** | Astronom. |
| **Avvocato** | Avocat |
| **Ballerino** | Dänzer |
| **Banchiere** | Banquier |
| **Cacciatore** | Jeeër |
| **Cartografo** | Kartograph |
| **Editore** | Editor |
| **Farmacista** | Apdikter |
| **Geologo** | Geolog |
| **Gioielliere** | Jeweller |
| **Idraulico** | Plummer |
| **Infermiera** | Klechter |
| **Marinaio** | Militant |
| **Musicista** | Musiker |
| **Pianista** | Pianist |
| **Psicologo** | Psycholog |
| **Veterinario** | Tierarzt |

## Professioni #2
### Beruffer #2

| | |
|---|---|
| **Astronauta** | Astronaut |
| **Bibliotecario** | Bibliothéik |
| **Biologo** | Biolog |
| **Chirurgo** | Chirurg |
| **Dentista** | Zahnarzt |
| **Filosofo** | Philosoph. |
| **Fotografo** | Fotograf |
| **Giardiniere** | Gärtner |
| **Giornalista** | Journalist |
| **Illustratore** | Illustrateur |
| **Ingegnere** | Ingenieur |
| **Insegnante** | Léierin |
| **Inventore** | Erfinder |
| **Investigatore** | Enquete |
| **Linguista** | Zu Useldeng |
| **Medico** | Dokter |
| **Pilota** | Pilot |
| **Pittore** | Maler |
| **Ricercatore** | Fuerscher |
| **Zoologo** | Zoolog |

## Psicologia
### Psychologie

| | |
|---|---|
| **Clinico** | Klinisch |
| **Cognizione** | Wahrnehmung |
| **Comportamento** | Verhale |
| **Conflitto** | Konflikt |
| **Ego** | Superheld |
| **Emozioni** | Emotionen |
| **Idee** | Ideen |
| **Inconscio** | Onbewusst |
| **Infanzia** | Kandheet |
| **Pensieri** | Gëtt |
| **Percezione** | Perseptioun |
| **Personalità** | Personalitéit |
| **Problema** | Problem |
| **Realtà** | Realitéit |
| **Sensazione** | Sensatioun |
| **Sogni** | Dremmen |
| **Terapia** | Therapie |
| **Valutazione** | Bewäertung |

## Riscaldamento Globale
### Global Äerderwäermung

| | |
|---|---|
| **Ambientale** | Ëmwelt |
| **Artico** | Arktis |
| **Clima** | Klima |
| **Crisi** | Kris |
| **Dati** | Date |
| **Energia** | Energie |
| **Futuro** | Zukunft |
| **Gas** | Gass |
| **Generazioni** | Generatioune |
| **Governo** | Regering |
| **Industria** | Industrie |
| **Internazionale** | International |
| **Legislazione** | Legislatioun |
| **Ora** | Elo |
| **Sviluppo** | Entwécklung |
| **Temperature** | Temperaturen |

## Ristorante #2
### Restaurant #2

| | |
|---|---|
| **Acqua** | Waasser |
| **Cameriere** | Water |
| **Cena** | Diner |
| **Cucchiaio** | Lëscht |
| **Delizioso** | Lescht |
| **Forchetta** | Forschett |
| **Frutta** | Fruucht Giess |
| **Ghiaccio** | Äis |
| **Insalata** | Salat |
| **Minestra** | Zopp |
| **Pesce** | Fisch |
| **Pranzo** | Mëtte |
| **Sale** | Salz |
| **Sedia** | HI |
| **Spezie** | Rzen |
| **Torta** | Kachen |
| **Verdure** | Geméis |

## Salute e Benessere #1
### Gesondheet a Wellness #1

| | |
|---|---|
| **Abitudine** | Gewohnheit |
| **Altezza** | Héicht |
| **Attivo** | Aktiv |
| **Batteri** | Bakterien |
| **Clinica** | Klinik |
| **Fame** | Hunger |
| **Farmacia** | Apdikt |
| **Frattura** | Fraktur |
| **Medicina** | Medizin |
| **Medico** | Dokter |
| **Muscoli** | Muskelen |
| **Nervi** | Nerven |
| **Ormoni** | Hormon |
| **Ossa** | Skelett |
| **Pelle** | Haut |
| **Riflesso** | Reflex |
| **Rilassamento** | Relaxatioun |
| **Terapia** | Therapie |
| **Trattamento** | Behandling |
| **Virus** | Virus |

## Salute e Benessere #2
### Gesondheet a Wellness #2

| | |
|---|---|
| **Allergia** | Allergie |
| **Anatomia** | Anatomie |
| **Appetito** | Appetit |
| **Caloria** | Kalorie |
| **Corpo** | Kierper |
| **Dieta** | Diét |
| **Digestione** | Verdauung |
| **Disidratazione** | Dehydratioun |
| **Energia** | Energie |
| **Genetica** | Genetik |
| **Igiene** | Hygiene |
| **Infezione** | Quelltext |
| **Malattia** | Krankheit |
| **Massaggio** | Massage |
| **Nutrizione** | Ernährung |
| **Ospedale** | Spidol |
| **Peso** | Gewicht |
| **Sangue** | Blut |
| **Sano** | Gesond |
| **Vitamina** | Vitamin |

## Scacchi
### Schachspill

| | |
|---|---|
| **Avversario** | Géigner |
| **Bianco** | Wäiss |
| **Campione** | Champion |
| **Concorso** | Concours |
| **Diagonale** | Diagonal |
| **Giocatore** | Spiller |
| **Gioco** | Spill |
| **Nero** | Schwaarz |
| **Passivo** | Passiv |
| **Re** | Keng |
| **Regina** | Queen |
| **Regole** | Regelen |
| **Sacrificio** | Dunn |
| **Strategia** | Strategie |
| **Tempo** | Zeit |
| **Torneo** | Tournoi |

## Scienza
### Wëssenschaft

| | |
|---|---|
| **Atomo** | Atom |
| **Chimico** | Chemesch |
| **Clima** | Klima |
| **Dati** | Date |
| **Esperimento** | Experiment |
| **Evoluzione** | Evolutioun |
| **Fatto** | Fakt |
| **Fisica** | Physik |
| **Fossile** | Haaptsächlech |
| **Gravità** | Gravitéit |
| **Ipotesi** | Hypothes |
| **Laboratorio** | Laboratoire |
| **Metodo** | Methode |
| **Minerali** | Mineral |
| **Molecole** | Molekulen |
| **Natura** | Natur |
| **Particelle** | Partikel |
| **Piante** | Planzen |

## Spezie
### Gewierzer

| | |
|---|---|
| **Aglio** | Knuewelek |
| **Amaro** | Jeremy |
| **Anice** | Anis |
| **Cannella** | Zimt |
| **Cardamomo** | Kardemom |
| **Cipolla** | Ënner |
| **Coriandolo** | Koriander |
| **Cumino** | Mmel |
| **Curcuma** | Turmeich |
| **Curry** | Currypaste |
| **Dolce** | Séis |
| **Finocchio** | Fenchelsamen |
| **Gusto** | Gous |
| **Noce Moscata** | Muskatnuts |
| **Paprika** | Paprika |
| **Pepe** | Pfeffer |
| **Sale** | Salz |
| **Vaniglia** | Vanille |
| **Zafferano** | Safiental |
| **Zenzero** | Ingwer |

## Spiaggia
### Strand

| | |
|---|---|
| **Asciugamano** | Handduch |
| **Barca** | Boot |
| **Barca a Vela** | Segelboot |
| **Blu** | Blo |
| **Costa** | Küst |
| **Granchio** | Krabbe |
| **Isola** | Insel |
| **Laguna** | Lagun |
| **Mare** | Mier |
| **Oceano** | Ozean |
| **Ombrello** | Dirschen |
| **Sabbia** | Sand |
| **Sandali** | Sandale |
| **Scogliera** | Riff |
| **Sole** | Sonn |
| **Vacanza** | Vakanz |

## Sport
### Sport

| | |
|---|---|
| **Allenatore** | Trainer |
| **Arbitro** | Arbitter |
| **Atleta** | Athlet |
| **Baseball** | Baseball |
| **Basket** | Basket |
| **Bicicletta** | Veel |
| **Campionato** | Championnat |
| **Ginnastica** | Eriwwer. |
| **Giocatore** | Spiller |
| **Gioco** | Spill |
| **Golf** | Golfplatz |
| **Hockey** | Eishockey |
| **Movimento** | Bewegung |
| **Palestra** | Fitnessraum |
| **Squadra** | Team |
| **Stadio** | Stadion |
| **Tennis** | Tennisplatz |
| **Vincitore** | Gewënner |

## Strumenti Musicali
### Musikalesch Instrumenter

| | |
|---|---|
| **Arpa** | Harfe |
| **Banjo** | Hohlschrauben |
| **Chitarra** | Gitar |
| **Clarinetto** | Klarinett |
| **Fagotto** | Bassun |
| **Flauto** | Fl |
| **Gong** | Gong |
| **Mandolino** | Mandoline |
| **Marimba** | Marimbas |
| **Oboe** | Oboe |
| **Percussione** | Perkussion |
| **Pianoforte** | Piano |
| **Sassofono** | Saxophon |
| **Tamburello** | Tamburin |
| **Tamburo** | Drum |
| **Tromba** | Trompet |
| **Trombone** | Bassposaune |
| **Violino** | Gei |
| **Violoncello** | Cello |

## Tecnologia
### Technologie

| | |
|---|---|
| **Blog** | Blog |
| **Browser** | Browser |
| **Byte** | Byte |
| **Computer** | Computer |
| **Cursore** | Cursor |
| **Dati** | Date |
| **Digitale** | Digital |
| **File** | Datei |
| **Internet** | Internet |
| **Messaggio** | Homepage. |
| **Schermo** | Écran |
| **Sicurezza** | Sécherheet |
| **Software** | Software |
| **Statistiche** | Statistik |
| **Telecamera** | Kamera |
| **Virtuale** | Mei |
| **Virus** | Virus |

## Tempo
### Zäit

| | |
|---|---|
| **Anno** | Joer |
| **Annuale** | Annuell |
| **Calendario** | Kalender |
| **Decennio** | Dekade |
| **Dopo** | No |
| **Futuro** | Zukunft |
| **Giorno** | Dag |
| **Ieri** | Gestern |
| **Mattina** | Moien |
| **Mese** | Mount |
| **Mezzogiorno** | Meiden |
| **Minuto** | Minutt |
| **Notte** | Nuecht |
| **Oggi** | Haut |
| **Ora** | Stonn |
| **Orologio** | Auer |
| **Presto** | Geschw |
| **Prima** | Fir |
| **Secolo** | Joerhonnert |
| **Settimana** | Woch |

## Tipi di Capelli
### Hoer Zorte

| | |
|---|---|
| **Asciutto** | Drëcht |
| **Bianco** | Wäiss |
| **Biondo** | Blond |
| **Breve** | Kort |
| **Calvo** | Kahl |
| **Grigio** | Gro |
| **Intrecciato** | Flechten |
| **Liscio** | Glat |
| **Lucido** | Schnëtt |
| **Lungo** | Lang |
| **Marrone** | Brong |
| **Morbido** | Mëll |
| **Nero** | Schwaarz |
| **Riccio** | Curleg |
| **Riccioli** | Kurlen |
| **Sano** | Gesond |
| **Sottile** | Dënn |
| **Spessore** | Deck |

## Uccelli
### Villercher

| | |
|---|---|
| **Airone** | Reiher |
| **Anatra** | Ente |
| **Aquila** | Adler |
| **Cicogna** | Storch |
| **Cigno** | Swan |
| **Colomba** | Douwen |
| **Cuculo** | Kuck |
| **Fenicottero** | Flamingo |
| **Gabbiano** | Möve |
| **Oca** | Gäis |
| **Pappagallo** | Papagei |
| **Passero** | Spauer |
| **Pavone** | Pavo |
| **Pellicano** | Pelikan |
| **Piccione** | Columba |
| **Pinguino** | Pinguin |
| **Pollo** | Huhn |
| **Struzzo** | Struus |
| **Tucano** | Toucan |
| **Uovo** | Eeg |

## Universo
### Universum

| | |
|---|---|
| **Asteroide** | Asteroid |
| **Astronomia** | Astronomie |
| **Astronomo** | Astronom. |
| **Atmosfera** | Atmosfär |
| **Buio** | Däischtert |
| **Celeste** | Himell |
| **Cielo** | Himmel |
| **Cosmico** | Kosmisch |
| **Emisfero** | Hemisphär |
| **Galassia** | Galaxy |
| **Latitudine** | Breedegrad |
| **Longitudine** | Längt |
| **Luna** | Mount |
| **Orbita** | Orbit |
| **Orizzonte** | Horizont |
| **Solare** | Solar |
| **Solstizio** | Sonnenwende |
| **Telescopio** | Teleskop |
| **Visibile** | Gesinn |
| **Zodiaco** | Tierkreis |

## Vacanze #2
### - Vakanz - #2

| | |
|---|---|
| **Aeroporto** | Fluchhafen |
| **Campeggio** | Campingsplaz |
| **Destinazione** | Zil |
| **Hotel** | Hotel |
| **Isola** | Insel |
| **Mappa** | Kaart |
| **Mare** | Mier |
| **Passaporto** | Pass |
| **Spiaggia** | Strand |
| **Straniero** | Auslänner |
| **Taxi** | Nieweroll |
| **Tempo Libero** | Fréischt |
| **Tenda** | Zelt |
| **Trasporto** | Transport |
| **Treno** | Zuch |
| **Viaggio** | Reis |
| **Visto** | Visa |

## Veicoli
### Nutzfahrzeuge

| | |
|---|---|
| **Aereo** | Fléier |
| **Ambulanza** | Krankenwagen |
| **Auto** | Auto |
| **Autobus** | Bus |
| **Bicicletta** | Veel |
| **Camion** | Truckt |
| **Caravan** | Roulotten |
| **Elicottero** | Helikopter |
| **Metropolitana** | Bunn |
| **Motore** | Motor |
| **Pneumatici** | Pneuen |
| **Razzo** | Rakéit |
| **Scooter** | Roller |
| **Sottomarino** | Boot |
| **Taxi** | Nieweroll |
| **Traghetto** | Bevëlkerung |
| **Trattore** | Traktor |
| **Treno** | Zuch |
| **Zattera** | Dee |

## Verdure
### Geméis

| | |
|---|---|
| **Aglio** | Knuewelek |
| **Broccolo** | Brokkoli |
| **Carciofo** | Artischocke |
| **Carota** | Karrot |
| **Cetriolo** | Gurke |
| **Cipolla** | Ënner |
| **Insalata** | Salat |
| **Melanzana** | Eegplant |
| **Oliva** | Oliv |
| **Patata** | Gromper |
| **Pisello** | Erbse |
| **Pomodoro** | Tomat |
| **Prezzemolo** | Petersilie |
| **Rapa** | Troppel |
| **Ravanello** | Radisch |
| **Scalogno** | Schallot |
| **Sedano** | Sellerie |
| **Spinaci** | Spinat |
| **Zenzero** | Ingwer |
| **Zucca** | Kürbis |

## Vestiti
### Kleedung

| | |
|---|---|
| **Abito** | Kleid |
| **Braccialetto** | Armband |
| **Camicetta** | Bluse |
| **Camicia** | T-Shirt |
| **Cappello** | Huet |
| **Cappotto** | Mantel |
| **Cintura** | Ceinture |
| **Collana** | Kette |
| **Giacca** | Jacke |
| **Gonna** | Rock |
| **Grembiule** | Schort |
| **Guanti** | Handschuh |
| **Jeans** | Jean |
| **Maglione** | Pullovere |
| **Moda** | Mode |
| **Pantaloni** | Box |
| **Pigiama** | Schlafanzug |
| **Sandali** | Sandale |
| **Scarpa** | Schoen |
| **Sciarpa** | Schal |

# Congratulazioni

**Ce l'hai fatta!**

Speriamo che questo libro vi sia piaciuto tanto quanto a noi è piaciuto concepirlo. Ci sforziamo di creare libri della più alta qualità possibile.
Questa edizione è progettata per fornire un apprendimento intelligente, di qualità e divertente!

Le è piaciuto questo libro?

-------

## Una Semplice Richiesta

Questi libri esistono grazie alle recensioni che pubblicate.

Puoi aiutarci lasciando una recensione
ora a questo link ?

BestBooksActivity.com/Recensioni50

# SFIDA FINALE!

## Sfida n°1

Sei pronto per il tuo gioco gratuito? Li usiamo sempre, ma non sono così facili da trovare - ecco i **Sinonimi!**
Scrivi 5 parole che hai trovato nei puzzle (n° 21, n° 36, n° 76) e prova a trovare 2 sinonimi per ogni parola.

### Scrivi 5 parole del **Puzzle 21**

| Parole | Sinonimo 1 | Sinonimo 2 |
|---|---|---|
|  |  |  |
|  |  |  |
|  |  |  |
|  |  |  |
|  |  |  |

### Scrivi 5 parole del **Puzzle 36**

| Parole | Sinonimo 1 | Sinonimo 2 |
|---|---|---|
|  |  |  |
|  |  |  |
|  |  |  |
|  |  |  |
|  |  |  |

### Scrivi 5 parole del **Puzzle 76**

| Parole | Sinonimo 1 | Sinonimo 2 |
|---|---|---|
|  |  |  |
|  |  |  |
|  |  |  |
|  |  |  |
|  |  |  |

# Sfida n°2

Ora che ti sei riscaldato, scrivi 5 parole che hai trovato nei puzzle n° 9, n° 17 e n° 25 e cerca di trovare 2 contrari per ogni parola. Quanti ne puoi trovare in 20 minuti?

### Scrivi 5 parole del **Puzzle 9**

| Parole | Antonimo 1 | Antonimo 2 |
|--------|-----------|-----------|
|        |           |           |
|        |           |           |
|        |           |           |
|        |           |           |
|        |           |           |

### Scrivi 5 parole del **Puzzle 17**

| Parole | Antonimo 1 | Antonimo 2 |
|--------|-----------|-----------|
|        |           |           |
|        |           |           |
|        |           |           |
|        |           |           |

### Scrivi 5 parole del **Puzzle 25**

| Parole | Antonimo 1 | Antonimo 2 |
|--------|-----------|-----------|
|        |           |           |
|        |           |           |
|        |           |           |
|        |           |           |
|        |           |           |

# Sfida n°3

Grande! Questa sfida non è niente per te!

Pronto per la sfida finale? Scegli 10 parole che hai scoperto nei diversi puzzle e scrivile qui sotto.

| | |
|---|---|
| 1. | 6. |
| 2. | 7. |
| 3. | 8. |
| 4. | 9. |
| 5. | 10. |

Ora scrivi un testo pensando a una persona, un animale o un luogo che ti piace.

*Puoi usare l'ultima pagina di questo libro come bozza.*

## La tua composizione:

# TACCUINO:

# A PRESTO!

*Tutta la Squadra*

SCOPRIRE GIOCHI GRATIS

GO

↓

BESTACTIVITYBOOKS.COM/FREEGAMES